Florence LE BRAS

PRÉNOMS ET ORIGINES

•MARABOUT•

Du même auteur chez Marabout

Pour en savoir plus…

- *La bible des prénoms*
- *Le livre de bord des prénoms*
- *Maxi-prénoms*
- *Les plus beaux prénoms originaux*

Sommaire

Comment vous servir de ce livre

Choisir le prénom d'un enfant à venir n'est pas seulement un acte d'amour. Un prénom n'est pas seulement un assemblage plus ou moins harmonieux de syllabes. Même s'il a été choisi pour sa sonorité, il est le plus souvent porteur d'une symbolique. Qu'il évoque une référence culturelle, un retour à des racines étrangères, une appartenance à un milieu social ou encore la nostalgie d'une époque enfuie, l'âme d'un prénom se trouve dans ses origines, c'est-à-dire son étymologie et sa signification.

On ne peut en douter, le choix des parents influence le caractère, les penchants et sans doute aussi l'avenir de l'enfant. Ulysse n'est pas Augustin, Chloé n'est pas Marie, Paolo n'est pas Paul, Claire n'est pas Solveig.

Ce livre est destiné à aider les futurs parents à orienter leur choix : il répertorie plusieurs centaines de prénoms selon leurs origines.

Voici plusieurs manières de le consulter :

• Vous cherchez un prénom qui présente des caractéristiques précises ?

Ainsi, par exemple, vous voulez attribuer à votre enfant un prénom qui rappelle ses lointaines origines scandinaves : allez tout droit au chapitre « Prénoms nordiques ». L'un de vos aïeux était espagnol ? Regardez les « Prénoms latinos ».

Vous aimez les prénoms chargés d'histoire religieuse ? Rendez-vous au chapitre des « Prénoms bibliques et hébraïques ».

Vous rêvez d'un siècle révolu ? Promenez-vous dans les « Prénoms de l'Antiquité », dans les « Prénoms médiévaux » ou encore dans les « Prénoms rétro ».

Vous êtes séduit par l'imaginaire ? Rendez-vous aux « Prénoms de la mythologie » ou « de la littérature ».

Vous êtes fier de vos traditions et de votre environnement social ? Laissez-vous tenter par les « Prénoms BCBG ».

Votre nom de famille est long ? Vous cherchez un prénom court ? Orientez-vous vers les « diminutifs ».

La culture anglo-saxonne vous fascine ? Promenez-vous dans les « Prénoms british, irish, scottish et US ».

Vous êtes attiré par les prénoms à la mode ? Commencez par les « Prénoms de la nature », les « Prénoms géographiques » sans oublier les « Prénoms latinos ».

Bref, choisissez dans le sommaire les chapitres qui vous concernent.

• Vous souhaitez avoir des informations sur un prénom donné ?

Consultez l'index en fin d'ouvrage, il vous indiquera la ou les pages concernant ce prénom. En effet, un même prénom peut figurer dans plusieurs chapitres différents : Aristide est un prénom de l'Antiquité, mais aussi un prénom rétro, par exemple ; Blanche est à la fois un prénom médiéval et un prénom BCBG.

• Vous n'avez pas d'idée préconçue, mais vous aimeriez avoir une très large gamme de prénoms ?

Lisez ce livre de la première à la dernière page, vous y découvrirez certainement le prénom idéal pour votre enfant.

• Vous souhaitez connaître les prénoms en vogue ?

Allez à la liste des « Prénoms tendance », puis reportez-vous ensuite au chapitre dans lequel ils sont développés.

En fixant votre choix, n'oubliez pas que l'ensemble prénom et nom doit composer un tout harmonieux, agréable à l'oreille, dont votre enfant sera fier dès qu'il sera en âge scolaire. Il sera heureux que vous lui expliquiez les raisons de votre choix, ainsi que la signification et l'histoire de son prénom.

Du côté de la loi, sachez que les officiers d'état civil sont chargés de vérifier que le choix des prénoms n'est pas préjudiciable aux intérêts de l'enfant. Alors que jusqu'en 1993 le choix des prénoms était assez strictement encadré, une originalité de bon aloi est désormais permise, et les cas de refus sont heureusement rares. En cas de conflit entre les parents et l'état civil, le procureur de la

République est saisi, lui-même pouvant faire intervenir le juge aux affaires familiales.

Ne figurent pas dans ce livre les prénoms qui évoquent des marques de biens de consommation : vous ne trouverez pas ici Ikea, Lexus, Jaguar ou Porsche. Seul Chanel a trouvé sa place dans la rubrique « prénoms patronymiques », car ce prénom a déjà un nombre significatif d'adeptes. Pas non plus de Périphérique, de Betterave ou de Clafoutis, prénoms heureusement exceptionnels. À chaque famille ses choix, à chaque famille ses responsabilités envers l'enfant qui devra assumer toute sa vie un prénom lourd à porter, à moins que le tribunal de grande instance l'autorise à en changer.

Enfin, si vous souhaitez avoir des informations complémentaires, vous pouvez poser vos questions à :

florence.le-bras@wanadoo.fr

Prénoms de nos régions

Ils sont bretons, corses, provençaux ou gascons et évoquent nos racines profondes et plus ou moins lointaines. Certains d'entre eux sont des variantes de prénoms nationaux ou internationaux, d'autres ont une étymologie propre. Découvrez-les ou retrouvez-les.

Garçons

Aël

Ce joli prénom est la forme bretonne d'Ange, prénom d'origine grecque qui signifie « messager ».

Fête le 5 mai. Saint Ange fut un théologien en Italie au XIIIe siècle.

Agoïtz

Ce prénom basque est le nom d'une province de Navarre.

Alan

Il est la forme bretonne d'Alain, et se prononce « Alane ». Il est l'un des grands prénoms de la culture celte, et un des favoris en France depuis les années 1990. On l'écrit aussi Allan.

Fête le 9 septembre. Saint Alain de la Roche fut dominicain au XVe siècle en Bretagne.

Alari

Ce prénom est la forme provençale d'Hilaire, prénom d'origine grecque qui signifie « gai ».

Fête le 3 novembre. Saint Hilaire fut diacre et martyr en Italie au IIIe siècle.

Aloi

Il est une forme gasconne d'Éloi, prénom latin qui signifie « élu ».

Fête le 1er décembre. Saint Éloi fut le conseiller du roi Dagobert au VIe siècle. Ordonné prêtre à la mort du souverain, il fonda hôpitaux et monastères avec sa fortune personnelle.

Alatz

Ce prénom basque signifie « prodigue ».

Amaniu

Ce prénom gascon est une variante de Manuel, dérivé d'Emmanuel, prénom hébraïque qui signifie « le Seigneur est avec nous ».

Fête le 10 juillet. Saint Emmanuel fut missionnaire et martyr en Syrie au XVIIe siècle.

Argan

Il est la forme bretonne de Barthélemy, prénom d'origine araméenne qui signifie « fils de Tolomé ».

Fête le 24 août. Saint Barthélemy fut apôtre du Christ et mourut en Arménie.

ARMEL

Ce prénom typiquement breton signifie « ours prince ». On rencontre aussi, plus rarement, sa forme initiale Arzhel, et deux formes dérivées : Ermel et Armaël.

Fête le 16 août. Saint Armel fonda des monastères en Bretagne au VIe siècle.

ARTHUR

Prénom de légende, Arthur a été immortalisé dès le Moyen Âge par l'œuvre *Les Chevaliers de la Table ronde.* « Ours » selon son étymologie, ce prénom fut porté par plusieurs rois et ducs de Bretagne. Après avoir disparu pendant plusieurs décennies, il est l'un des favoris aujourd'hui. Il se décline en Arzhul, sa forme primitive, et en Artus, forme plus moderne.

Fête le 15 novembre. Saint Arthur, moine en Angleterre au XVIe siècle, fut soupçonné de trahison et exécuté sur ordre du roi.

ARTIZAR

En basque, ce prénom désigne l'étoile du berger.

AUBIN

Ce prénom est une forme gasconne d'Albin, prénom latin qui signifie « blanc ». Il est en vogue aujourd'hui.

Fête le 1er mars. Saint Aubin fut évêque d'Angers au VIe siècle.

AUDOUARD

Provençal, il est une variante d'Édouard, prénom d'origine germanique qui signifie « gardien des richesses ».

Fête le 5 janvier. Saint Édouard, roi d'Angleterre au XIe siècle, s'attira l'affection de ses sujets et le respect de ses ennemis par sa bonté et sa charité.

Awen

Il est la forme bretonne de Venance, « celui qui vient », prénom d'origine latine complètement disparu.

Fête le 14 décembre. Saint Venance devint prêtre après avoir été troubadour en Italie au VIe siècle.

Bartoumé et Bertomiu

Ces deux prénoms sont la traduction de Barthélemy en provençal et en langue gasconne. Barthélemy est un prénom d'origine araméenne qui signifie « fils de Tolomé ».

Fête le 24 août. Saint Barthélemy fut apôtre du Christ.

Benezet

Il est la traduction provençale de Benoît, prénom d'origine latine qui signifie « béni ».

Fête le 11 juillet. Saint Benoît, ermite italien au Ve siècle, instaura la règle monastique basée sur le travail, la prière et la lecture, qui devint commune aux monastères bénédictins.

Bettiri

Il est la forme basque de Pierre, prénom d'origine latine qui signifie « pierre ».

Fête le 29 juin. Saint Pierre, apôtre du Christ et premier pape de la chrétienté, est son patron.

Bixente

Ce prénom est une forme basque de Vincent, d'origine latine, qui signifie « celui qui vainc ».

Fête le 22 janvier. Saint Vincent de Paul, Landais du XVIe siècle, fut un aventurier. Après bien des péripéties, il devint l'aumônier de la reine Margot, puis fonda plusieurs ordres ecclésiastiques.

BODMAËL

Ce prénom est une forme moderne d'un vieux prénom breton, Budoc, qui signifierait « victorieux ». Ses dérivés sont très nombreux : Bodvaël, Buvaël, Beuzeg...

Fête le 9 décembre. D'après la légende, saint Budoc serait né dans un tonneau sur la mer ; il aurait fondé églises et monastères en Bretagne et serait devenu évêque de Dol au VIe siècle.

BRÉVALAER

Ce prénom est une forme moderne d'un prénom porté par un évêque des premiers siècles dont on ne connaît rien de la vie. Il a cependant laissé en héritage toute une gamme de prénoms dérivés dont Bréwal, Bréwalen et Broladre.

Fête le 19 janvier.

BRIAC

Briac est une forme dérivée de Brieg, prénom d'origine irlandaise qui signifie « importance ». Il est à l'origine du prénom anglo-américain Brian, très en vogue.

Fête le 17 décembre. Saint Brieg fut un des fondateurs de la Bretagne ; il créa un monastère et laissa son nom à la ville qui s'y construisit autour, Saint-Brieuc.

Rendez-vous page 48.

CADWAL

« Valeur au combat », voici la signification celte de ce prénom guerrier, qui évolue parfois en Cadwallader.

Fête le 12 novembre. Saint Cadwal, roi du pays de Galles au VIIe siècle, entra dans les ordres et mourut au service des malades.

Calendal

On pourrait identifier ce prénom provençal à Noël, que l'on attribuait jadis aux enfants nés le 25 décembre. Calendal signifie « né aux calendes », les calendes étant, chez les Romains, le premier jour du mois. Un enfant né le 1er janvier était presque d'office Calendal, mais petit à petit ce prénom a été donné aux garçons nés le jour de Noël.

Caradec

Ce prénom breton, qui s'écrit aussi Karadec, Karadeg ou Caradoc, signifie « ami ».

Fête le 17 mai. Saint Karadeg fut un disciple de saint Patrick et évangélisa la Bretagne au Ve siècle.

Cédric

Grand classique celte, Cédric fut en vogue dans les années 1980. Il signifie « chaise du roi ».

Fête le 7 janvier. Évêque, saint Cédric consacra sa vie à évangéliser les Saxons.

Colomban

Forme celte de « colombe », ce prénom breton a de très nombreuses formes dérivées types : Colman, Koulm, Koulman.

Fête le 23 novembre. Saint Colomban, noble irlandais au VIe siècle, part évangéliser l'Écosse.

Conan

Selon l'histoire, qui tient peut-être aussi de la légende, Conan Mériadec, venu d'Angleterre, investit à la fin du IVe siècle l'Armorique. Il en devint le premier roi. Ce prénom breton est devenu rare.

CORENTIN

Voici un prénom typiquement breton, en faveur au XIXe siècle, oublié ensuite et qui réapparaît depuis quelques années. Il signifie « ami ».

Fête le 12 décembre. Saint Corentin, évêque et fondateur de monastère, fut l'un des fondateurs de la Bretagne.

CRISTOLI

Christophe, prénom d'origine grecque, signifie « qui porte le Christ ». Cristoli est sa forme gasconne.

Fête le 25 juillet. Saint Christophe, géant passeur de rivières en Asie Mineure au IIIe siècle, se convertit lorsque par miracle il porta sur ses épaules l'enfant Jésus.

DANIS

Il est la forme provençale de Denis, prénom d'origine grecque, en l'honneur du dieu Dionysos.

Fête le 9 octobre. Saint Denis fut le premier évêque de Paris, au IIIe siècle. Il fut décapité sur ordre de l'empereur romain Dioclétien.

DINAN

« Homme » en celte, Dinan est un prénom qui évoque un chef de pirates vikings du IXe siècle qui hantait les mers du nord de l'Europe.

Fête le 21 février. Dinan le voyou se repentit et fonda un monastère en Bretagne à l'emplacement où fut fondée la ville qui porte son nom.

DEWI

Dewi ou Diwi sont les formes bretonnes de David.

Fête le 1er mars. Saint Dewi, patron du pays de Galles, serait fondateur de monastères dans le Finistère, au VIe siècle.

Doetval

Ce prénom celte à la belle sonorité signifie « sage valeur ».

Fête le 22 janvier. Saint Doetval fut le fils d'un roi celte au VIe siècle.

Dogmaël

« Bon prince », telle est la signification de ce prénom celte, illustré par un évêque gallois au VIe siècle.

Fête le 14 juin. Saint Dogmaël fut évêque au pays de Galles au VIe siècle.

Donaïki

Ce prénom est la forme basque de Jacques, prénom hébraïque qui signifie « Dieu a soutenu ».

Fête le 3 mai. Saint Jacques fut apôtre du Christ.

Donan

« Élevé » en celte, ce prénom est rare.

Fête le 15 avril. Saint Donan fut un compagnon de saint Briac au VIe siècle.

Eder

Basque, ce prénom signifie « beau ».

Edern

Ce prénom gallois est très ancien. Son existence fut connue grâce au talent de Jean-Edern Hallier. Il signifie « très grand ».

Fête le 26 août. Saint Edern fut ermite en Bretagne au IXe siècle.

Efflam

« Rayonnant » comme le laisse supposer sa sonorité, ce prénom est un des classiques bretons.

Fête le 12 octobre. Saint Efflam se consacra à Dieu avec son épouse sainte Enora, au Ve siècle.

EGUZKI

Ce prénom basque signifie « soleil »; il a une variante, Eguzkine.

EKAÏTZ

En basque, ce prénom signifie « tempête ».

ELIAZ

Ce prénom est la forme bretonne d'Élie. Il s'orthographie aussi Élias ou Eliez.

Fête le 20 juillet. Saint Élie fut un prophète au royaume d'Israël au IXe siècle avant J.-C.

ELOUAN

« Belle lumière » est la signification de ce prénom celte.

Fête le 28 août. Saint Elouan, moine irlandais, évangélisa la Bretagne au VIe siècle.

ERISPOÉ

Roi de Bretagne au IXe siècle, Erispoé lutta contre le roi de France Charles le Chauve, qui était venu lui disputer sa couronne. Il le battit et le contraignit à reconnaître le royaume de Bretagne.

ERWANN

Il est une forme bretonne d'Yves qui est lui-même un prénom breton qui signifie « if ».

Fête le 19 mai. Saint Yves, prédicateur d'une grande piété, fut l'avocat des pauvres en Bretagne au XIIIe siècle.

ESTEFE

Il est une variante de Stéphane en gascon. Ce prénom d'origine grecque signifie « couronné ».

Fête le 26 décembre. Saint Étienne diacre à Jérusalem au Ier siècle fut le premier martyr chrétien.

EVEN

Courant en Bretagne au Moyen Âge, ce prénom a complètement disparu par la suite, puis il réapparut avec un net succès dans les années 2000.

Fête le 17 avril. Saint Even fut archevêque de Dol au XIe siècle.

EWAN

Ce prénom qui s'impose à l'état civil depuis 2000 est une des nombreuses variantes d'Yves, grand classique breton qui signifie « if ».

Fête le 19 mai. Saint Yves Hélori, avocat des pauvres en Bretagne au XIIIe siècle, est son patron.

FREDIANU

Ce prénom corse est issu d'une étymologie germanique et signifie « paix ».

Fête le 18 novembre.

GAËL

Il désigne les membres du peuple gaélique, Celtes qui vinrent s'établir en Irlande au Ve siècle, et dont certains, ensuite, émigrèrent vers l'Armorique, c'est-à-dire notre Bretagne actuelle.

Fête le 17 décembre. Saint Gaël, évêque de Saint-Malo au XIIe siècle, fonda plusieurs monastères près de son évêché.

GAÏZKA

Ce prénom est la forme basque du prénom espagnol Salvador, qui signifie « sauveur » en latin.

Gassia

Ce prénom typiquement gascon a été porté par plusieurs ducs de Gascogne avant l'an 1000. Il était une forme dérivée de Garcia, l'espagnol, qui signifie « grâce divine ».

Gauvain

Forme littéraire de Coemgen, ce prénom celte que l'on rencontre en Bretagne signifie « enraciné » et s'écrit aussi Galvin, Galwin, Gawin.

Fête le 3 juin. Saint Coemgen fut ermite en Irlande au VIe siècle.

Gildas

Il est la forme francisée de Gweltaz, prénom celte qui signifie « celui qui voit ». Yeltas ou Weltas sont parfois rencontrés en Bretagne.

Fête le 29 janvier. Saint Gildas, né en Écosse au VIe siècle, fonda un monastère en Bretagne et se retira dans un ermitage.

Giraud

Il est la forme provençale de Géraud, variante de Gérald, prénom d'origine germanique qui signifie « lance qui gouverne ».

Fête le 13 octobre. Saint Géraud, comte d'Aurillac au IXe siècle, fut un homme juste, charitable et pieux.

Gorka

Ce prénom est la forme basque de Georges, prénom d'origine grecque qui signifie « celui qui travaille la terre ».

Fête le 23 avril. Saint Georges, chevalier romain chrétien, fut décapité par les soldats de l'empereur.

Goulven

« Lumière sacrée » est la signification de ce prénom breton, qui s'orthographie aussi Goulwen ou Golven.

Fête le 1er juillet. Saint Goulven, né dans la province du Léon, fut évêque de Rennes au VIe siècle.

Guénolé

Selon l'étymologie celte, Guénolé, ou Gwenolé, signifie « valeur sacrée ». Il est l'un des grands prénoms traditionnels de Bretagne.

Fête le 3 mars. Saint Guénolé fonda une abbaye à Landévennec au VIe siècle; la légende lui prête de nombreux miracles.

Gwenaël

Connu aussi sous la forme Guénaël, ce prénom typiquement breton signifie « ange blanc ».

Fête le 3 novembre. Saint Gwenaël quitta la Bretagne au VIe siècle pour évangéliser l'Irlande, puis revint sur sa terre natale pour y terminer sa vie.

Haïze

Ce prénom basque signifie « vent ».

Hervé

Grand classique breton, au même titre que Yves, Hervé signifie « fort et ardent ». On le rencontre parfois sous ses formes originelles, Houarn ou Houarneau.

Fête le 17 juin. Saint Hervé, fils d'un barde et d'une sainte, aveugle de naissance, fut renommé très jeune pour ses miracles, au VIe siècle. Il consacra sa vie à la prière.

Hoël

Ce prénom fut celui de plusieurs souverains de Bretagne au VIe siècle. Il signifie « bonne vue ».

Fête le 13 juillet. Saint Hoël, pieux père d'une famille nombreuse, se consacra à l'éducation de ses vingt-deux enfants dont quinze furent des saints.

IBAÏ

Basque, ce prénom signifie « fleuve » et a pour variante Ibaïa.

ILTUD

Ce prénom celte signifie « peuple ».

Fête le 7 novembre. Saint Iltud dirigea une abbaye au pays de Galles au VIe siècle.

INAKI

Ce prénom basque est la traduction d'Ignace, prénom d'origine latine qui signifie « feu ».

Fête le 31 juillet. Saint Ignace de Loyola, basque au XVe siècle, fut le fondateur de la Compagnie de Jésus.

IWAN

Ce prénom est comme Erwann une des nombreuses formes bretonnes d'Yves, très en vogue depuis plusieurs années. Il s'écrit aussi Iouan, Iouen ou Iwen, ou encore Youwan, Youwen et Yoen.

Fête le 19 mai. Saint Yves est son patron.

JAGU

Il est la forme celte de Jacques, et le prénom d'un des grands saints de Bretagne.

Fête le 8 février. Saint Jagu fut, au VIe siècle, un modèle de piété et de bonté.

JUDICAËL

Prénom royal, il fut porté par un célèbre roi de Domnonée, dont le territoire recouvrait la Bretagne du Nord actuelle ; contemporain du roi de France Dagobert, il traita avec saint Éloi, puis il abdiqua et se retira dans un monastère.

Fête le 17 décembre. Saint Judicaël voulait être moine. Hélas, fils aîné du roi, il assuma le trône jusqu'à ce que son fils puisse lui succéder, puis il abdiqua et entra dans les ordres.

KADO

« Combat » est la signification de ce prénom celte, qui se décline en Cado, Cadoc et Cadou.

Fête le 24 janvier. Saint Kado fut ermite en Bretagne au VIe siècle.

KAËLIG

Il est le diminutif de Mikaël, forme bretonne de Michel, prénom hébraïque qui signifie « comme Dieu ».

Fête le 29 septembre. Saint Michel archange est son patron.

KENAN

Comme Kado, Kenan signifie « combat ». Il est connu aux États-Unis sous ses formes Ké et Kay, qu'on rencontre aussi en Bretagne sous la forme Quay.

Fête le 7 octobre. Saint Ké fonda un monastère en Bretagne au Ve siècle.

LOÏC

Forme bretonne de Louis, Loïc signifie « glorieux combat ». Il a plusieurs formes dérivées : Loig et Loiez.

Fête le 25 août. Saint Louis fut roi de France au XIIIe siècle.

MADEN

Ce prénom mixte signifie « bon », tout comme ses dérivés Madeg, Madoc et Madog.

Fête le 19 juin. Saint Maden fut ermite en Bretagne au VIe siècle.

MAËL

« Prince » est la signification celte de ce prénom fréquent en Bretagne, et qui s'étend dans l'Hexagone depuis 2000.

Fête le 13 mai. Saint Maël, gallois, évangélisa la Bretagne au Ve siècle.

MALO

Ce prénom breton rare, jadis surtout connu grâce à la ville des corsaires, est en vogue depuis 2000. Celte, il signifie « otage de lumière ».

Fête le 15 novembre. Saint Malo, moine gallois au VIe siècle, est l'un des saints fondateurs de la Bretagne.

MÉRIADEC

La signification de ce prénom en vieux breton est incertaine ; on pense qu'il signifie « front de Marie ».

Fête le 7 juin. Moine gallois, saint Mériadec évangélisa la Bretagne au VIe siècle.

MORGAN

Mixte, ce prénom est assez rarement porté par les garçons. Il signifie « enfant de la mer ».

Fête le 13 juillet.

NADAU

En gascon, il est Noël, et prénomme le plus souvent les garçons nés en décembre.

Fête le 25 décembre.

Olier

Ce prénom est une forme bretonne d'Olivier, prénom d'origine latine qui fait référence à l'arbre.

Fête le 12 juillet. Saint Olivier, prêtre irlandais au XVIIe siècle, fut victime de calomnies et assassiné.

Otsoa

Ce prénom basque signifie « loup »; il a pour variante Otsando.

Oulivié

Provençal, ce prénom est une variante d'Olivier, prénom d'origine latine qui fait référence à l'arbre fruitier.

Fête le 12 juillet. Saint Olivier, prêtre irlandais au XVIIe siècle, fut assassiné à la suite d'une campagne de calomnies.

Pantxoa

Ce prénom est la forme basque de François, qui signifie « franc » en latin.

Fête le 4 octobre ou le 24 janvier. Saint François de Sales ou saint François d'Assise sont ses patrons.

Peire

Il est Pierre en Provence.

Fête le 29 juin. Saint Pierre apôtre est son patron.

Pol

Paul est bien un prénom d'origine latine qui signifie « petit ». Mais Pol est sa forme bretonne, qui fut illustrée par l'un des saints fondateurs de la Bretagne. Témoin la ville de Saint-Pol-de-Léon. On rencontre aussi Paol et Paolig.

Fête le 12 mars. Saint Pol, moine gallois, s'installa en Bretagne et fut évêque de l'île de Batz au VIe siècle.

RIWAL

Traditionnel breton, Riwal signifie « roi valeureux ». Il se décline en Riwallon.

Fête le 15 juillet. Né en Grande-Bretagne, saint Riwal s'installa en Bretagne au Ve siècle où il fut l'un des premiers immigrés.

RONAN

Ce prénom qui signifie « royal » s'écrit aussi Renan.

Fête le 1er juin. Saint Ronan, moine irlandais au Ve siècle, établit son ermitage en Bretagne près d'un village qui se nomme aujourd'hui Locronan.

SAMSON

Son origine est hébraïque, mais il est un prénom courant en Bretagne, parfois sous la forme Samzun, en l'honneur de saint Samson, l'un des fondateurs de la Bretagne.

Fête le 28 juillet. Saint Samson, moine gallois, fonda un monastère près de Dol et accomplit, selon la légende, plusieurs miracles.

SANTXO

Le prénom Sancho, qui signifie « consacré », est typiquement espagnol. Santxo est sa forme basque.

Fête le 5 juin. Saint Sanche, enlevé enfant par les hommes de l'émir de Cordoue au IXe siècle, et élevé à la cour, se convertit ; il fut condamné au supplice.

SAUVESTI

Gascon, ce prénom est la traduction de Sylvestre, prénom latin qui signifie « homme de la forêt ».

Fête le 31 décembre. Saint Sylvestre fut pape au IVe siècle.

SAVIÉ

En Provence, ce prénom est Xavier, prénom basque qui signifie « maison neuve ».

Fête le 3 décembre. Saint François-Xavier, missionnaire au XVIe siècle, est son patron.

SEZNI

« Rayon de soleil », Sezni est un prénom lumineux et apprécié dans les pays de tradition celte.

Fête le 8 mars. Saint Sezni, moine irlandais, évangélisa la Bretagne au VIe siècle.

SOLEN

Prénom mixte fréquent en Bretagne, Solen fut d'abord exclusivement masculin. Il signifie « solennel ».

Fête le 23 septembre. Saint Solen fut évêque de Chartres au Ve siècle.

TANGUY

« Guerrier de feu » selon l'étymologie celte, Tanguy fut un prénom courant en Bretagne au Moyen Âge, sous la forme Tangi. Il est en vogue depuis les années 1990. Une variante : Tanneguy.

Fête le 19 novembre. Saint Tanguy, meurtrier de sa sœur dans un accès de colère, en Bretagne au VIe siècle, consacra sa vie à la prière dans un monastère.

TIERIU

Ce prénom corse est une forme de Tibère, prénom latin qui fut porté par un empereur romain et plusieurs empereurs d'Orient.

Fête le 10 novembre. Saint Tibère fut martyr en Gaule près d'Agde au IVe siècle.

Rendez-vous page 185.

Titouan

Il est la forme gasconne d'Antoine, prénom latin qui signifie « inestimable ». On le rencontre assez souvent aujourd'hui.

Fête le 17 janvier ou le 13 juin. Saint Antoine le Grand ou saint Antoine de Padoue sont ses patrons.

Rendez-vous page 177.

Tugdual

Ce prénom fut porté par l'un des saints fondateurs de la Bretagne. Il signifie « bonne valeur ». Ses orthographes sont nombreuses : Tudal, Tual, Tuwal.

Fête le 30 novembre. Saint Tugdual, moine anglais, fuit son pays envahi par les Saxons, s'installa en Bretagne et devint évêque de Tréguier au VIe siècle.

Xavier

Ce prénom est basque par excellence, mais voici bien longtemps qu'il a franchi les frontières de sa région. Il signifie « maison neuve ».

Fête le 3 décembre. Saint François-Xavier, compagnon de saint Ignace de Loyola, fut missionnaire en Inde et au Japon au XVIe siècle.

Yann

Désormais classique, Yann est, avec son dérivé Yannick, la forme bretonne de Jean, prénom hébraïque qui signifie « Dieu miséricordieux ». En vogue aujourd'hui : Yanis le néerlandais.

Fête le 27 décembre. Saint Yann, franciscain au XIIIe siècle, mourut de la peste en soignant les malades.

Yves

Grand traditionnel breton, Yves est aujourd'hui supplanté par ses multiples formes dérivées, qui varient selon les régions de Bretagne. Après Erwann et Yvon, c'est Ezoen et Eozen (Léon), Ewan, Iven (Vannetais), Soen (Cornouaille), Yoen, Youen, Youwan (Cornouaille et Léon) qui sont davantage attribués. Rappelons le poétique Yvain.

Fête le 19 mai. Saint Yves Hilori, avocat des pauvres en Bretagne au XIIIe siècle, fut célèbre par sa bonté, sa générosité et ses talents d'orateur.

FILLES

AELIS

Une des filles d'Aliénor d'Aquitaine portait ce prénom, qui est une forme gasconne d'Alice, qui signifie « noble ».

Fête le 9 janvier. Sainte Alix fonda dans les Vosges au XVIe siècle une institution pour jeunes filles pauvres.

AÉNOR

Ce prénom mélodieux est la forme bretonne d'Éléonore, prénom d'origine grecque qui signifie « compassion ».

Fête le 25 juin. Sainte Éléonore, reine d'Angleterre au XIIIe siècle, acheva sa vie chez les bénédictines.

AÉSA

Elle est la forme bretonne d'Isabelle, prénom hébraïque qui signifie « Dieu est mon serment ».

Fête le 22 février. Sainte Isabelle, sœur de Saint Louis, fut la fondatrice d'un monastère de clarisses à Paris au XIIIe siècle.

AGURTZANE

Ce prénom basque signifie « adoration ».

Aïnara et Elaïa

En basque, elles signifient toutes deux « hirondelle ».

Aintza

Ce prénom basque a pour équivalent Gloria, qui signifie « gloire » en latin.

Aïzpea

Ce prénom qui signifie « pierre basse » en basque fait référence à un sanctuaire dédié à la Vierge.

Aleria

Ce prénom corse fait référence à la ville qui porte ce nom, qui fut la capitale de la Corse antique.

Fête le 3 novembre.

Aliénor

Ce prénom gascon est passé à la postérité grâce à la reine Aliénor d'Aquitaine. Il est aujourd'hui l'un des favoris des familles BCBG.

Rendez-vous page 245.

Anna et Annaëlle

Anna est une forme bretonne d'Anne, dont les dérivés Annaïck et Annaïg, assez fréquents dans les années 1950, ont été dépassés par Annaëlle, composition d'Anne et Maëlle.

Fête le 26 juillet. Sainte Anne est la mère de sainte Marie, la grand-mère de Jésus.

Rendez-vous page 167.

Annwenn

Ce prénom breton est composé du grand classique Anne et de Gwenn qui signifie « blanche ».

Fête le 26 juillet. Sainte Anne est sa patronne.

Aodrenn

Mixte à tendance féminine depuis longtemps, Aodrenn signifie « altesse royale ». Ce prénom fut illustré par un roi de Bretagne au Ve siècle, dont le règne fut marqué par sa lutte contre les envahisseurs huns et saxons.

Fête le 7 février.

Aourell

« En or », ce prénom est une forme bretonne d'Aurélie.

Fête le 15 octobre. Sainte Aurélie fut disciple de sainte Ursule en Allemagne au IIIe siècle.

Aralha

Elle est en terre gasconne une variante d'Eulalie, prénom grec qui signifie « bonne parole ».

Fête le 12 février. Sainte Eulalie, enfant de douze ans, est condamnée au supplice en Espagne au IVe siècle.

Argantel

Dans l'histoire de la Bretagne, Argantel est la femme d'un roi, Nominoé. Ce prénom signifie « don généreux ».

Fête le 27 octobre.

Armelle

Ce grand classique est la forme française de Arzhela ; il a depuis longtemps dépassé les frontières de la région armorique. Celte, il était à l'origine masculin et signifie « prince et ours ».

Fête le 16 août. Saint Armel est un moine gallois fondateur d'un monastère dans un village qui porte aujourd'hui le nom de Ploermel.

ASSUNTA

Ce prénom corse est une variante d'Assomption, prénom donné en référence au dogme de l'Assomption de la Vierge Marie.

Fête le 15 août.

AZÉNOR

Elle est une héroïne de la légende bretonne : Azénor, enceinte, est victime de calomnies et condamnée par son mari à périr dans un tonneau jeté à l'océan. Le tonneau ne coule pas, un ange nourrit Azénor, qui met au monde un fils ; le tonneau s'échoue sur une plage, le mari se repent du mauvais traitement infligé, Azénor pardonne et retourne chez elle. Azénor signifie en celte « honneur ».

Fête le 7 décembre.

AZILIS

Ce prénom est la forme bretonne de Cécile, qui signifie « aveugle » en latin.

Fête le 22 novembre. Sainte Cécile subit le martyre à Rome au IIe siècle.

BETIXA

Elle est la forme basque de Perrine, féminin de Pierre.

Fête le 27 décembre. Sainte Perrine fut guillotinée sous la Révolution pour avoir avoué sa foi.

BLEUZENN

Ce prénom est l'équivalent breton de Blancheflor, c'est-à-dire « fleur blanche ». On rencontre aussi Bleuenn et Blowen.

Fête le 5 octobre. Sainte Fleur, religieuse au XIVe siècle, est sa patronne.

BRIGITTE

D'origine celte, ce prénom signifie « considération ». Brigitte devient Bridget chez les Anglo-Saxons, Birgitta dans les pays nordiques, Berc'hed en Bretagne.

Brigitte était une déesse celte adorée par les païens. Son culte fut remplacé par celui de sainte Brigitte, fondatrice et abbesse du monastère de Kildare, en Irlande, au Ve siècle, qui est une des patronnes de l'Irlande. Autre sainte, vénérée dans les pays nordiques : Brigitte, jeune Suédoise au XIVe siècle, qui après avoir élevé ses huit enfants se retira dans un couvent.

Fête le 1er février ou le 23 juillet.

BRIVAËLLE

Ce prénom d'origine irlandaise est une forme féminine de Briac.

Fête le 17 décembre. Saint Brieg fut un des fondateurs de la Bretagne ; il créa un monastère et laissa son nom à la ville qui s'y construisit autour, Saint-Brieuc.

CORENTINE

Féminin de Corentin, ce prénom signifie « ami ».

Fête le 12 décembre. Saint Corentin, évêque et fondateur de monastère, est l'un des fondateurs de la Bretagne.

DAHUD

Ce prénom, qui signifie « bonne magie », est celui de l'héroïne d'une célèbre légende bretonne : Dahud, appelée aussi Ahès, est la fille du roi de Cornouaille, Grallon ; elle est amoureuse d'un jeune homme qui n'est autre que le diable travesti ; il lui demande, pour lui plaire, d'engloutir la ville d'Ys dans l'océan. C'est ce que fit la belle, au large de Douarnenez.

Ederna

Elle est avec Edernez une forme féminine d'Edern.

Fête le 30 août. Saint Edern, clerc irlandais, s'établit dans un ermitage dans le Finistère, au VIe siècle.

Eisabello

Ce prénom est la forme provençale d'Isabelle.

Fête le 22 février. Sainte Isabelle, sœur de Saint Louis, fonda un monastère à Paris, au XIIIe siècle.

Eliboubane

Voici la forme bretonne d'Élisabeth, avec son diminutif Liboubane.

Fête le 28 octobre. Sainte Eliboubane fut au VIe siècle vénérée pour sa piété. Elle aurait accompli de nombreux miracles chez les petits enfants.

Énora

Ce prénom qui signifie « honneur » est la forme bretonne d'Honorine. Il est en vogue depuis le début de ce XXIe siècle.

Fête le 14 octobre. Sainte Énora épouse saint Efflam, mais au seuil de leur nuit de noces, ils décident tous deux de se consacrer à Dieu et de vivre chacun dans un ermitage, à Plestin-les-Grèves, au Ve siècle.

Erell

Ce prénom breton qui signifie « lien » est apparu au Moyen Âge, puis il avait totalement disparu. Il revient aujourd'hui.

Fête le 15 septembre. Sainte Erell vécut pieusement en Bretagne au VIe siècle.

Estérello

Selon la légende provençale, le massif de l'Estérel était le lieu de résidence des fées. Le prénom Estérello, francisé en Estérelle, y fait référence.

Estibaliz

Ce prénom basque signifie « douce comme le miel ». Il a une variante, Estitxu.

Fête le 1er mai.

Evaëlle

Ce prénom est une composition, alliant Ève et Maëlle, que l'on pourrait traduire littéralement par « princesse qui donne la vie ». Ève est hébraïque, Maëlle est celte.

Rendez-vous page 170 et page 40.

Flammen

La sonorité de ce prénom ne laisse pas d'équivoque sur sa signification : Flammen veut dire « éclatante ».

Gaëlle

Comme son masculin, Gaëlle désigne une appartenance au peuple gaélique qui vivait dès le premier millénaire avant J.-C. dans la partie ouest des îles Britanniques et qui quitta l'Irlande pour s'établir en Bretagne au Ve siècle.

Fête le 17 décembre. Saint Gaël, évêque de Saint-Malo au XIIe siècle, fonda plusieurs monastères près de son évêché.

Gaïd

Tout comme Gaïdig, elle est un diminutif de Marc'harid, ou Margaïd, formes bretonnes de Marguerite, prénom latin qui signifie « perle ».

Fête le 16 novembre. Sainte Marguerite est sa patronne.

Rendez-vous page 253.

Gladys

Gladez en est la forme bretonne, Gwladys la forme irlandaise. Ce prénom celte signifie « richesse ». Après avoir été rare, il connaît actuellement une vague de succès.

Fête le 29 mars. Sainte Gladez, galloise, fut religieuse au Ve siècle, en Bretagne.

Gwenn

Ce prénom, qui signifie « blanche », est l'un des prénoms traditionnels bretons, et il a de très nombreuses formes dérivées : Gwennaïg, Guénola et Gwenola.

Fête le 18 octobre. Sainte Gwenn est une grande figure parmi les saints bretons, et sujette à bien des légendes. Vivant au Ve siècle en Bretagne, elle aurait eu plus de treize enfants, tous saints, et en particulier des triplés pour lesquels Dieu l'aurait dotée d'un troisième sein…

Gwenivar

Elle est la forme bretonne de Geneviève et de Guenièvre.

Fête le 3 mars. Sainte Gwenivar vécut en Bretagne au Ve siècle.

Haïtzea

Ce prénom basque est mixte et signifie « vent ».

Hostaïka

Ce prénom est la forme basque de Marguerite, prénom d'origine latine qui signifie « perle ».

Fête le 16 novembre. Sainte Marguerite, chrétienne à Antioche au IIIe siècle, refuse d'épouser le préfet d'Orient parce qu'il est païen ; il la fait mettre à mort.

Ihintza

Ce prénom basque signifie « rosée ».

Irantzu

Ce prénom basque est donné aux filles en l'honneur d'un village qui abrite un monastère cistercien en Navarre.

Iratza

En basque, elle est une « fougère ».

Fête le 5 octobre, avec sainte Fleur.

Ivona

Cette forme féminine d'Yves, qui signifie « if », a supplanté Yvette et Yvonne, courantes dans les années 1920. On rencontre aussi parfois Iveine.

Fête le 13 janvier. Sainte Yvette consacra sa vie aux lépreux.

Izaskun

Ce prénom basque fait référence à un sanctuaire dédié à la Vierge en Guipuzcoa.

Fête le 15 août.

Izoenn

Ce prénom est une des nombreuses formes féminines bretonnes d'Yves. Comme lui, elle signifie « if ». On l'écrit aussi Izoène.

Fête le 19 mai. Saint Yves est son patron.

Katell

Bretonne, elle correspond à Catherine, qui selon son étymologie grecque signifie « pure ».

Fête le 25 novembre. Sainte Catherine d'Alexandrie fut accusée de prosélytisme et condamnée au supplice au IIIe siècle.

Klervi

D'origine celte, ce prénom signifie « joyau ».

Fête le 3 octobre. Sainte Klervi mena une vie pieuse, en Bretagne, au Ve siècle, et fut l'objet de nombreuses légendes.

KOUPAIA

Ce prénom à la sonorité originale a de plus en plus d'adeptes chez les Bretons.

Fête le 2 janvier. Sainte Koupaia fut la mère de saint Tugdual, fondateur de la Bretagne.

LAUDA

Corse, ce prénom signifie « honorable » en latin. On rencontre aussi parfois Laudine.

Fête le 18 novembre.

LENA

En Bretagne, ce prénom est une variante d'Hélène, prénom d'origine grecque qui signifie « éclat du soleil ». On rencontre aussi Lenaïg.

Fête le 18 octobre. Sainte Hélène fut la mère de l'empereur Constantin, en Grèce, au IIIe siècle.

LILOIA

Elle est l'équivalent en langue gasconne de Pâquerette.

Fête le 5 octobre. Sainte Fleur, religieuse dans le Quercy au XIVe siècle, est sa patronne.

LISABEU

Ce prénom est la forme provençale d'Élisabeth.

Fête le 17 novembre. Sainte Élisabeth est la cousine de sainte Marie.

LOEÏZA

Elle est, comme Loiezaïg, la forme bretonne de Louise.

Fête le 16 mars. Sainte Louise est la fondatrice, avec saint Vincent de Paul, de l'ordre des Filles de la Charité.

Lucrezia

Courant en Corse, ce prénom a une origine latine, et signifie « celle qui gagne ».

Fête le 23 novembre. Sainte Lucrèce fut martyre au IVe siècle en Espagne.

Maëlle

« Princesse », Maëlle tient une grande place parmi les prénoms bretons. Elle se combine avec bonheur à l'adjectif « gwenn » qui signifie « blanc », ou « sacré » pour donner Maïwenn ou Maellewenn, ou encore avec Ève pour former Evaëlle.

Fête le 13 mai. Saint Maël, moine gallois, évangélisa la Bretagne au Ve siècle.

Maïalen

Au Pays basque, elle est une forme de Madeleine, prénom hébraïque qui signifie « de la ville de Magdala ».

Fête le 22 juillet. Sainte Marie Madeleine suivit Jésus et c'est à elle qu'Il annonça Sa résurrection.

Maïana

Basque, elle est une variante de Marianne, prénom hébraïque qui signifie « gracieuse goutte d'eau de mer ».

Fête le 9 juillet. Sainte Marianne, religieuse sous la Révolution, fut fusillée.

Maïder

Ce prénom est une contraction de Marieder, que l'on pourrait traduire par Marie-Belle, *eder* signifiant « belle » en basque.

Maïté

Ce prénom basque signifie « aimée ».

Mireille

Mireo en provençal, variante de Marie, ce prénom est devenu un classique, comme Fanny.

Fête le 15 août. Sainte Marie est sa patronne.

Morgan

Ce prénom breton mixte qui signifie « enfant de la mer » a une dominante féminine. Il s'orthographie aussi Morgane, en référence à la fée guérisseuse des romans de chevalerie. On rencontre aussi une variante anglo-américaine, Morrigane.

Fête le 13 juillet.

Ninog

Ce prénom breton, qui signifie « sommet », nomme une sainte venue d'Angleterre au Vᵉ siècle avec ses treize frères et sœurs, et fondatrice d'un monastère. Il est assez répandu en Bretagne.

Fête le 4 juin.

Nolwenn

Très en vogue depuis les années 1990, ce prénom breton a une étymologie controversée ; pour certains, il évoque un lieu, en Angleterre, Noal, pour d'autres, *noal* signifierait « agneau », mot auquel on aurait associé l'adjectif « gwenn », qui signifie « blanc » ou « sacré ». On rencontre aussi ce prénom sous la forme Gwennoal, Noalig ou Noyale.

Fête le 6 juillet. La vie de sainte Nolwenn est aussi discutée ; la légende la plus fréquente raconte que, fille de prince anglais au VIᵉ siècle, elle vint s'établir dans un ermitage en Bretagne, et que refusant de céder aux avances d'un seigneur, elle fut décapitée ; elle prit sa tête entre ses mains et la déposa là où elle souhaitait être enterrée, à Noyal-Pontivy.

NONNA

Ce prénom breton mixte à l'origine est devenu exclusivement féminin, sans doute pour sa terminaison en *a*.

Fête le 15 juin. Saint Nonna, évêque irlandais au VIe siècle, vint établir son ermitage en Bretagne.

OANELLE

Ce prénom breton signifie « agneau ». Il s'écrit aussi Oanell ou Oanez et son diminutif le plus courant est Noan.

Fête le 21 janvier. Sainte Agnès fut martyre à Rome au IVe siècle.

ONNEN

« Fort » en celte, ce prénom se rencontre parfois sous la forme Oona.

Fête le 30 avril. Sainte Onnen fut ermite en Bretagne au VIIe siècle.

PEIRONIA

Ce prénom est l'équivalent gascon de Pétronille, ou de Perrine, toutes deux formes féminines de Pierre.

Fête le 29 juin. Saint Pierre apôtre de Jésus est leur patron.

ROZENN

Elle est la forme bretonne de Rose.

Fête le 23 août. Sainte Rose de Lima fut religieuse au Pérou au XVIe siècle.

Santxa

Sancha signifie en espagnol « consacrée ». Santxa est sa forme basque.

Fête le 5 juin. Saint Sanche, enlevé enfant par les hommes de l'émir de Cordoue au IXe siècle, et élevé à la cour, se convertit ; il fut condamné au supplice.

Soizic

Forme diminutive bretonne de Françoise, qui signifie « de France », Soizic est un classique des années 1950 en Bretagne.

Fête le 9 mars. Sainte Françoise, après une vie de peines et de deuils, termina sa vie dans un monastère à Rome au XVe siècle.

Solenn

Masculin à l'origine, ce prénom est aujourd'hui presque exclusivement féminin. Il signifie « solennel ». Il s'écrit aussi Solène.

Fête le 25 septembre. Saint Solenn fut évêque et conseiller de Clovis.

Sterenn

Forme bretonne d'Estelle, Sterenn signifie « étoile ».

Fête le 11 mai. Sainte Estelle fut décapitée par son père païen lorsqu'il apprit qu'elle s'était convertie, à Rome, au Ier siècle.

Titoana

Elle est en langue gasconne l'équivalent d'Antoinette, forme féminine d'Antoine qui signifie « inestimable ».

Fête le 27 octobre. Sainte Antoinette fut dominicaine en Italie au XVe siècle.

Trifine

Ce prénom peu porté aujourd'hui est bien connu en Bretagne, car il est au cœur d'une légende : Trifine aurait épousé une sorte de Barbe-Bleue qui avait assassiné ses précédentes épouses. Il pourfendit de son épée Trifine qui fut ressuscitée par saint Gildas alors que le barbare fut jugé et expia son crime.

Fête le 21 juillet.

Yuna

Ce prénom breton dont l'étymologie galloise est obscure s'écrit aussi Juna.

Fête le 21 août. Sainte Yuna, galloise, vint en Bretagne avec son frère Envel. Chacun s'établit dans un ermitage et ils ne se revirent jamais.

Prénoms british, irish, scottish et US

Ils évoquent les lacs d'Écosse, les landes d'Irlande, les châteaux victoriens d'Angleterre ou encore les vastes étendues et les néons du Nouveau Monde... Ce sont les prénoms outre-Manche et outre-Atlantique. Certains sont des formes anglo-américaines de prénoms universellement connus ; d'autres, typiquement anglais, font allusion aux arbres et à la nature, les prénoms gaéliques, eux, font souvent référence à un trait physique.

Garçons

Aidan

En langue gaélique, ce prénom désigne « le feu ». Il est un des favoris en Irlande depuis plusieurs années.

Alistair

Ce prénom est une forme gaélique d'Alexandre, Il s'écrit aussi parfois avec deux L ou sous la forme Allastair.

Fête le 3 mai. Saint Alexandre fut pape et martyr au IIe siècle.

ALLOWIN

Germanique, le prénom Alwin signifiait « vrai ami ». Peu à peu, il est devenu Allowin, rencontré dans le nord de l'Europe, au VIIe siècle, puis dans les pays de culture anglo-américaine.

Fête le 1er octobre. Saint Allowin évangélisa le Hainaut au VIIe siècle.

ANGUS

Ce prénom typiquement écossais a pour origine un personnage de la mythologie celte, dieu de la sagesse et de l'humour. Heureux présage pour celui qui le portera ! Courant dès le XVIIe siècle, ce prénom continue à être en vogue en Écosse aujourd'hui.

ANTONY

Grand classique, ce prénom s'écrit aussi Anthony. Il était très courant dès le XVIIe siècle en Angleterre. Forme anglo-américaine d'Antoine, il a connu un immense succès en France dans les années 1980. Tony, son diminutif, est courant aux États-Unis. Ce prénom signifie « inestimable » en latin.

Fête le 17 janvier ou le 13 juin. Saint Antoine de Padoue, franciscain portugais au XIIe siècle, docteur de l'Église, est son patron.

ARCHIBALD

Ce prénom traditionnel écossais a une étymologie germanique ; il signifie « très audacieux ». Son diminutif Archie est très courant en Écosse.

Fête le 30 avril. Saint Archibald fut évêque de Londres au VIIe siècle.

Ashley

Mixte, ce prénom celte qui signifie « bois de frêne » a fait une timide apparition en France dans les années 2000. Il est davantage féminin que masculin.

Austen

Il est la forme diminutive anglo-américaine d'Auguste, prénom latin qui signifie « vénérable ». En Irlande, il devient Ostin.

Fête le 28 août. Saint Augustin, évêque d'Hippone au IVe siècle, fut proclamé docteur de l'Église.

Avery

Il est la traduction anglaise d'Alfred.

Fête le 15 novembre. Saint Alfred fut moine en Allemagne au IXe siècle.

Barclay

Ce prénom courant en Angleterre et en Écosse signifie « vallée de bouleaux ». Il a une variante : Berckeley.

Blake

« Homme à la peau blanche » en vieil anglais, ce prénom est dans les préférés des familles américaines ces dernières années.

Bradley

Ce prénom anglais qui signifie « vaste prairie » est dans les premiers du hit-parade en Écosse et aux États-Unis où son diminutif Brad est également très courant.

Brendan

Irlandais, ce prénom qui signifie « corbeau » a d'abord séduit l'Amérique. Puis il a connu récemment en Europe une grande vague de succès, tout comme sa forme dérivée Brandon.

Fête le 16 mai. Saint Brendan, né en Irlande au Ve siècle, fut un grand voyageur et fonda un monastère en Bretagne.

BRETT

Très en vogue en Australie, Brett est le diminutif de Brittany, qui signifie tout simplement « originaire de (Grande) Bretagne ». On rencontre aussi Britt.

BRIAN

Forme anglo-américaine de Briac ou Brieuc, prénoms celtes qui signifient « importance », il était déjà connu en Angleterre au XVIIe siècle. En France, c'est dans les années 1990 qu'il fut au sommet de sa popularité. On l'orthographie aussi Bryan.

Fête le 17 décembre. Saint Briac, irlandais, accosta en Armorique où il fonda plusieurs monastères au VIIe siècle.

CALVIN

Ce prénom latin qui signifie « chauve » a fait carrière aux États-Unis. On rencontre parfois son diminutif Vinnie.

CAMERON

Écossais, ce prénom signifie « celui qui a le nez crochu ». On remarque que les prénoms écossais et irlandais font la plupart du temps référence à une particularité anatomique… du premier qui fut ainsi nommé. Cameron est aujourd'hui un des prénoms les plus attribués en Écosse.

CASSIDY

Irlandais, ce prénom signifie « adroit ». Il est fréquent aux États-Unis.

Cécil

Ce prénom à consonance féminine est un traditionnel anglais. Issu du latin, il signifie « aveugle ». Très en vogue à l'ère victorienne, il est peu courant aujourd'hui.

Ciaran

Il est un best of parmi les prénoms irlandais et commence à retenir les faveurs des parents dans le reste de l'Europe. Il signifie « garçon aux cheveux noirs ». On rencontre aussi Kieran.

Clarence

Il est la forme britannique de Clair, prénom latin qui signifie « clair », pratiquement disparu aujourd'hui alors que le féminin Claire a toujours autant d'adeptes depuis des décennies. Clarence est mixte, avec une dominante masculine. Il a été très en vogue en Angleterre au XIXe siècle et commence à réapparaître.

Fête le 26 avril. Saint Clarence fut évêque de Vienne au VIIe siècle.

Cliff

Il est le diminutif de Clifford, prénom anglais qui signifie « près de la falaise ». Ce prénom connut le succès au XIXe siècle.

Cody

Buffalo Bill Cody est un personnage de la légende américaine. Ce patronyme est devenu prénom avec le temps. Il est aujourd'hui très courant aux États-Unis.

Connor

Écossais, ce prénom signifie « sagesse ». On le rencontre aussi souvent en tant que patronyme. Il est depuis 2000 le grand favori aux États-Unis et en Écosse.

Craig

C'est dans les années 1950 que Craig, jusque-là surnom, qui signifie « rocher », apparut en tant que prénom à l'état civil. Il est encore populaire outre-Manche, en particulier en Écosse.

Dean

En vieil anglais, ce prénom signifie « vallée ». Il a connu une grande popularité aux États-Unis dans les années 1950. Aujourd'hui, c'est en Irlande qu'il a le plus d'adeptes.

Devin

Irlandais, ce prénom signifie « poète ». Il est très en vogue aux États-Unis depuis 2000.

Donald

Gaélique, il signifie « peuple puissant ». Il fut l'un des principaux prénoms traditionnels d'Écosse avant que le héros du dessin animé de Walt Disney ne fasse son apparition.

Donovan

Ce prénom fut connu du plus large public dans les années 1960 grâce au chanteur américain qui le portait. Gaélique, il signifie « sombre ».

Dorian

Il est une forme de Théodore, prénom grec qui signifie « don de Dieu », assez courante en Angleterre et en France depuis 2000.

Fête le 9 novembre. Saint Théodore abbé d'un monastère en Asie Mineure au IXe siècle mourut en captivité.

Douglas

Comme Donald, il est écossais, comme Donald, il est en baisse de popularité depuis les années 1950. Il signifie en gaélique « eau noire ».

Duane

Celte d'origine, Duane signifie « homme à la peau noire ». Il apparut d'abord en Irlande, où son orthographe est parfois Dwayne. Aujourd'hui, il est en vogue aux États-Unis.

Dwight

D'origine flamande, ce prénom qui signifie « blond » a connu le succès aux États-Unis dans les années 1950.

Dylan

Il est connu sous forme de patronyme grâce à Bob Dylan, qui adopta ce nom en honneur de Dylan Marlais Thomas, poète anticonformiste anglais des années 1950. D'origine galloise, il signifie « mer ».

Éliott

Il est la forme anglo-américaine de Élie, prénom hébraïque qui signifie « mon maître est Dieu ». Sa grande popularité en Écosse et aux États-Unis atteint notre continent.

Fête le 20 juillet. Élie fut prophète au royaume d'Israël au IXe siècle avant J.-C.

Eoin

Il est la forme irlandaise de Yves, très en vogue actuellement en Irlande. Yves, celte, signifie « if ».

Fête le 19 mai. Saint Yves, avocat des pauvres en Bretagne au XIIIe siècle, est son patron.

EVAN

Ce prénom est une forme galloise de Jean. Il est très apprécié en Irlande aujourd'hui, tout autant que Shane.

Fête le 24 juin. Saint Jean apôtre du Christ est son patron.

FERGAL

« Sage et brave » est la signification de ce prénom celte venu d'Irlande.

Fête le 27 novembre. Saint Fergal fut un moine irlandais qui consacra sa vie à l'évangélisation des païens en Germanie.

FLYNN

Irlandais, il signifie « fils de l'homme blond ».

FORANNAN

Irlandais, ce prénom signifie « fort ».

Fête le 30 avril. Saint Forannan, noble irlandais, s'établit en Belgique où il dirigea un monastère, au Xe siècle.

GARY

Garrett est une forme primitive de Gérard, prénom germanique qui signifie « forte lance ». Gary en est le diminutif.

Fête le 3 octobre. Saint Gérard fonda un monastère à Namur au Xe siècle.

GENE

Prononcez « Djinn », comme un jean, ce diminutif anglo-américain d'Eugène qui fut très en vogue aux États-Unis au début du XXe siècle.

Fête le 13 juillet. Saint Eugène fut évêque de Carthage au IIIe siècle.

GRÉGORY

Il faisait concurrence à Anthony au hit-parade des prénoms en France dans les années 1980. Cette forme anglo-américaine de Grégoire continue à être un classique traditionnel aux États-Unis. Son diminutif Greg est courant. Il signifie « celui qui veille ».

Fête le 3 septembre. Saint Grégoire, grand réformateur de l'Église au VIIe siècle, fut proclamé docteur de l'Église.

HAMISH

Ce prénom est la forme écossaise de James, traduction de Jacques, prénom d'origine hébraïque, qui signifie « Dieu a soutenu ».

Fête le 3 mai. Saint Jacques fut un apôtre de Jésus.

HAROLD

Il est la forme anglaise de Harald, prénom germanique courant en Scandinavie, qui signifie « grande gloire ». Il est courant en Angleterre.

Fête le 1er novembre. Saint Harald, roi de Danemark au Xe siècle, favorisa l'évangélisation de son pays.

HARRISSON

Bien implanté aux États-Unis, ce prénom signifie « fils de Harry ».

HARRY

Il est une variante de Henry, prénom germanique qui fut très populaire en Angleterre jusqu'au XXe siècle. Harry était en vogue au XVIIe siècle en Angleterre, il continue à plaire aujourd'hui. Henry ou Henri signifie « maison du roi ».

Fête le 13 juillet. Saint Henri de Germanie soutint l'action de l'Église au Xe siècle.

Ike

Il est la forme diminutive américaine d'Isaac, personnage de la Bible, fils d'Abraham et père de Jacob.

Irving

Ce prénom est aussi populaire en Angleterre qu'en Irlande et en Écosse. « Rivière blanche » pour les Gallois, « ami de la mer » pour les Anglais, il a plusieurs variantes : Ervin ou Irwin.

James

Il est la forme anglaise de Jacques, prénom d'origine hébraïque, qui signifie « Dieu a soutenu ». Ce prénom très traditionnel revient au goût du jour en Angleterre actuellement.

Fête le 3 mai. Saint Jacques fut un apôtre de Jésus.

Jordan

Ce prénom semble très moderne car il a eu un immense succès dans les années 1990. Il a pourtant une longue histoire : en effet, ce sont les croisés qui, au Moyen Âge, prénommèrent ainsi certains de leurs enfants en souvenir du fleuve Jourdain qu'ils avaient traversé. Le prénom s'éteignit très vite, puis réapparut outre-Atlantique au XIXe siècle.

Jordan signifie en araméen « qui répand la vie ».

Joshua

Ce prénom, qui signifie « Dieu délivre », est la forme anglo-américaine de Josué, successeur de Moïse dans la conduite du peuple d'Israël vers la terre promise. Il est l'un des premiers au hit-parade aux États-Unis et gagne l'Europe.

Kean

En vieil anglais, ce prénom signifie « acéré ». Il s'écrit aussi Keane et Keene.

Ken

Diminutif de Kenneth, « beau » en gaélique, ce prénom est connu pour être celui du mari de la poupée Barbie !

Kevin

Ce prénom irlandais, qui signifie « aimé », a été l'un des grands favoris des années 1990 en Europe. Il est depuis longtemps très en vogue aux États-Unis.

Fête le 3 juin. Saint Kevin fut un martyr au VIe siècle.

Killian

Celte par excellence, Killian signifie « assaut du guerrier ».

Fête le 13 novembre. Saint Killian, moine irlandais, faisait la morale à la concubine du duc de Bavière, au VIIe siècle : elle le fit assassiner.

Kyle

Ce prénom typiquement écossais signifie « esprit de la lande ». Il est dans les premiers au hit-parade aux États-Unis.

Lawrence

Il est la forme anglo-américaine de Laurent, prénom latin qui signifie « laurier », et l'un des grands traditionnels anglais du XVIIe au XIXe siècle. Sa vogue perdure aux États-Unis où son diminutif Larry est très populaire aussi.

Fête le 10 août. Saint Laurent, diacre romain, fut brûlé vif au IIIe siècle.

LENNY

Il est la forme américaine de Léonard, prénom d'étymologie mixte, latin et germanique qui signifie « lion dur ».

Fête le 26 novembre. Saint Léonard fut franciscain en Italie au XVIIIe siècle.

LEWIS

Cette forme anglo-américaine de Louis est aujourd'hui en vogue en Angleterre et au pays de Galles.

Fête le 27 août. Gallois et protestant, au XVIIe siècle, saint Lewis se convertit, entra dans les ordres et prêcha l'Évangile dans son pays, où il fut arrêté et exécuté.

LIAM

Il est une variante irlandaise de Guillaume, très en vogue en Écosse et en Irlande actuellement. Il commence à apparaître en France.

Fête le 10 janvier. Saint Guillaume fut archevêque de Bourges au XIIIe siècle.

LINDSAY

Issu du vieil anglais, ce prénom qui signifie « île aux tilleuls » est mixte, mais depuis les années 1950, il est beaucoup plus fréquemment attribué aux filles.

LOGAN

Il est un dérivé de Loman, prénom celte qui signifie « pensée ».

LUKE

Il est la forme anglo-américaine de Luc, très courante aux États-Unis.

Melvyn

Ce prénom est une forme américaine de Maël, prénom celte qui signifie « prince ». Son diminutif Mel est aussi assez courant outre-Atlantique.

Michael

Voici la traduction anglo-américaine de Michel. Ce prénom des plus classiques reste un des préférés outre-Atlantique actuellement.

Rendez-vous page 163.

Neil

Ce prénom ancien fut porté par un roi d'Irlande au Xe siècle. D'origine celte, il signifie « champion ». Très apprécié en Écosse et en Irlande, il est apparu en France dans les années 1990, avec sa forme scandinave Niels. En Irlande, il s'écrit Niall.

Fête le 5 décembre. Saint Niels, géologue danois au XVIIe siècle, se convertit et devient évêque.

Noah

Ce prénom, forme anglo-américaine de Noé, prénom hébraïque qui signifie « apaisement », suit la mode de Joshua et progresse aussi en Europe.

Rendez-vous page 164.

Norman

Les hommes qui peuplaient la Grande-Bretagne au VIe siècle appelèrent « the Northmen » les Vikings, ces envahisseurs venus du nord de l'Europe. C'est ainsi que ceux qui s'établirent dans l'ouest de la France devinrent des Normands. Norman est littéralement « l'homme venu du Nord ».

Owen

Ce prénom typiquement gallois commence à apparaître à l'état civil. Il signifie « bien né ».

Fête le 13 juillet. Saint Eugène, dont le prénom a la même étymologie, est son patron.

Richard

Germanique, il signifie « roi fort ». Ce fut un prénom dominant en Angleterre au Moyen Âge et jusqu'à la moitié du XXe siècle. Aux États-Unis, ce sont ses diminutifs, Rick et Ricky, qui furent très populaires.

Fête le 3 avril. Saint Richard, évêque de Chichester, fut persécuté par le roi Henri III.

Rory

Irlandais, il signifie « roux ». Très populaire en Écosse, il fut l'un des plus attribués dans les années 1990.

Ryan

Ryan et Rayan sont des variantes de Brian, variante anglo-américaine de Briac, le breton, qui signifie « estime ». Ryan fut très populaire en France dans les années 1990. Il est toujours parmi les prénoms les plus attribués en Écosse aujourd'hui.

Fête le 17 décembre. Saint Briac, irlandais, accosta en Armorique où il fonda plusieurs monastères au VIIe siècle.

Scott

Il signifie « écossais ». Rien d'étonnant à ce que ce prénom soit dans les meilleures places du hit-parade des prénoms en Écosse. Mais il est aussi très populaire aux États-Unis.

Sean et Shane

Ces prénoms irlandais sont une variante de Jean très en vogue en Écosse et aux États-Unis.

Fête le 24 juin. L'apôtre Jean est son patron.

Shannon

Irlandais, ce prénom signifie « ancien ». Traditionnellement mixte, il est cependant plus souvent attribué aux filles depuis les années 1990.

Shelley

« Clairière » en vieil anglais, ce prénom fut mixte jusqu'à la moitié du XXe siècle. Il se féminise depuis lors.

Sidney

Il est une forme anglo-américaine de Denis, très populaire au XVIIIe et au XIXe siècle outre-Manche. C'est aujourd'hui Dennis qui lui est préféré.

Fête le 9 octobre. Saint Denis, premier évêque de Paris au IIIe siècle, est son patron.

Stacey

Eustache, d'origine grecque, n'est pas un prénom courant. En revanche son diminutif anglo-américain est populaire et mixte.

Fête le 20 septembre. Saint Eustache fut un général romain converti condamné au supplice au IIIe siècle.

Stanley

Comme Stan, il est un diminutif anglo-américain de Stanislas, prénom slave qui signifie « victoire debout ».

Fête le 11 avril. Saint Stanislas, évêque de Cracovie au XIe siècle, fut assassiné par le roi qu'il avait excommunié.

Steve

Il est, comme Steven et Stevie, une variante de Stephen, forme anglaise de Stéphane, prénom grec qui signifie « couronné ». Stephen était très courant dès le XVIIe siècle.

Fête le 26 décembre. Saint Étienne, diacre et martyr à Jérusalem au Ier siècle, est son patron.

SULLIVAN

Patronyme courant et prénom apprécié, en gaélique, Sullivan signifie « l'homme aux yeux noirs ». Il est fréquent en Irlande.

TENNESSEE

Le nom de cet État des États-Unis était jadis attribué aux garçons des tribus Cherokee. Ce prénom fut rendu célèbre au début du XXe siècle par l'écrivain Thomas Lanier Williams qui se fit appeler Tennessee Williams, et il est encore populaire aujourd'hui.

TYLER

Il est l'un des prénoms les plus attribués depuis 2000 aux États-Unis. Son étymologie un peu curieuse que l'on traduit par « fabricant de tuiles » n'a pas d'équivalent en langue française.

WALLACE

William Wallace fut un héros de l'indépendance écossaise au XIIIe siècle. Ce patronyme, qui signifie « gallois », devint un prénom au XIXe siècle.

WILLIAM

Ce prénom qui est la forme anglaise de Guillaume fut introduit en Angleterre par Guillaume le Conquérant au XIe siècle. Il eut une formidable popularité du XVIe au XXe siècle, et le jeune prince de Galles William semble donner à ce prénom un nouvel essor. Bill, Billy, Willy sont ses diminutifs, en vogue aux États-Unis. Wilson, qui signifie « fils de William », en est une variante.

Fête le 10 janvier. Saint Guillaume, archevêque de Bourges au XIIIe siècle, est son patron.

Willis

Willigis est un vieux prénom germanique peu usité, qui signifie « otage et volonté ». Willis est son diminutif.

Fête le 23 février. Saint Willigis fut archevêque de Mayence au Xe siècle.

Winston

Ce prénom est un dérivé du germanique Wistan, qui signifie « ami et pierre ».

Woody

Il est le diminutif de Woodrow, prénom anglais qui signifie « rangée d'arbres ».

Filles

Ailenn et Eilidh

Ces prénoms sont des variantes irlandaises d'Hélène, la première est très en vogue en Écosse, la seconde est populaire en Irlande.

Fête le 18 août. Sainte Hélène fut la mère de l'empereur d'Orient Constantin au IVe siècle.

Ailsa

Ce prénom est un diminutif écossais d'Élisabeth, qui ressemble phonétiquement et étymologiquement à Elsa. Autre diminutif écossais : Ailis.

Fête le 17 novembre. Sainte Élisabeth est la cousine de la Vierge Marie et la mère de saint Jean-Baptiste.

Aisling

Irlandaise, Aisling signifie « rêve » et elle connaît un grand succès en Irlande aujourd'hui.

ALISSON

Ce prénom est une variante d'Alice, prénom d'origine germanique qui signifie « noble ». Il a été très apprécié en France dans les années 1990.

Fête le 9 janvier. Sainte Alix fonda dans les Vosges au XVIe siècle une congrégation pour l'enseignement des jeunes filles pauvres.

ALYSSA

Cette variante d'Alice est récente, mais figure déjà dans les prénoms les plus attribués aux États-Unis où elle a pris le relais d'Alisson.

Fête le 9 janvier. Sainte Alix est sa patronne.

AMANDA

Féminin d'Amand, prénom latin qui signifie « très aimé », Amanda a commencé sa carrière au XVIIe siècle en Angleterre. Les années 1990 lui ont apporté un regain de faveur.

Fête le 9 juillet. Sainte Amandine, religieuse française, fut massacrée par les Boxers en Chine au début du XXe siècle.

AMBER

Ce prénom à la mode aux États-Unis est la traduction du français Ambre, que l'on peut considérer comme une forme féminine d'Ambroise, ou une référence à l'ambre gris, substance sécrétée par les cachalots et utilisée dans la composition des parfums.

AMY

Elle est la traduction anglaise d'Aimée, prénom d'origine latine qui signifie tout simplement « aimée ». Elle est dans les premières du hit-parade des prénoms en Écosse.

Fête le 20 février. Sainte Aimée, jeune fille riche d'Assise au XIIIe siècle, consacra sa vie à la prière.

ASHLEY

Mixte, ce prénom celte qui signifie « bois de frêne » a fait une timide apparition en France dans les années 2000. Il est davantage féminin que masculin.

AUDREY

Dérivé anglo-américain d'un prénom germanique disparu, Ethelred, qui signifie « noble gloire », Audrey était déjà en vogue au XVIIe siècle en Angleterre. Sa popularité s'y est maintenue jusqu'aux années 1950. En France, c'est dans les années 1980 qu'elle a été au top.

Fête le 23 juin. Sainte Ethelred fut abbesse d'un monastère en Angleterre au VIIe siècle.

AUSTIN

Elle est un diminutif d'Augustine, prénom latin qui signifie « vénérable ».

Fête le 28 août. Saint Augustin, docteur de l'Église au IVe siècle, est son patron.

BÉTHANY

C'est le nom d'un village près de Jérusalem où vécut Lazare. Ce nom de lieu est devenu prénom au XIXe siècle. Il est aujourd'hui en vogue aussi bien en Angleterre qu'aux États-Unis.

Rendez-vous page 168.

BEVERLY

Mixte à l'origine, ce prénom est devenu spécifiquement féminin. Il signifie « rivière aux castors ». En Angleterre, on l'écrit Beverley.

BONNIE

Bonne est un très ancien prénom français en vigueur au XVIIe siècle. Sa forme anglo-saxonne Bonnie était en vogue au XIXe et au début du XXe siècle aux États-Unis.

Fête le 29 mai. Sainte Bonne fut ermite à Pise, en Italie, au XIIe siècle.

BRENDA

D'origine celte, forme féminine de Brendan qui signifie « corbeau », ce prénom est surtout porté outre-Atlantique.

Fête le 16 mai. Saint Brendan, moine irlandais, fonda un monastère en Bretagne, au Ve siècle, avant de retourner terminer sa vie dans son pays natal.

BRIANNA

Il est la forme féminine de Brian, prénom dérivé de Briac qui signifie « estime ».

Fête le 18 décembre.

CAITLIN

Catherine, prénom traditionnel et universel, a de multiples variantes, selon les pays. Caitlin en est la forme irlandaise. Prénom vedette en Écosse, elle est apparue en France en 2000 et succède avec brio à Carine. Catherine, prénom d'origine grecque, signifie « pure ».

Fête le 29 avril ou le 25 novembre. Sainte Catherine d'Alexandrie ou sainte Catherine de Sienne sont ses patronnes.

CATRIONA

Après Caitlin l'Irlandaise, voici l'Écossaise Catriona, très en vogue en France depuis les années 2000, elle aussi.

Fête le 29 avril ou le 25 novembre.

Ciara

Elle est le féminin de Ciaran, gaélique qui signifie « garçon aux cheveux noirs ». Elle est parmi les favoris en Irlande actuellement.

Cindy

Ce diminutif de Cynthia a eu quelques adeptes dans les années 1990.

Clarence

Ce prénom mixte est une forme de Clair, prénom latin qui signifie « clair ». En France, Claire est toujours en vogue, mais Clarence commence à apparaître.

Fête le 26 avril. Saint Clarence fut évêque de Vienne au VIIe siècle.

Colleen

Ce prénom américain qui signifie « fille » a connu le succès dans les années 1960. En France, c'est Coline qui est en vogue, variante de Nicole, prénom d'origine grecque qui signifie comme Nicolas son masculin « victoire du peuple ».

Courtney

Mixte à très forte tendance féminine, ce prénom anglais signifie « vallée profonde ». Il est très en vogue en Écosse et aux États-Unis depuis les années 1980.

Dawn

Ce prénom est la traduction littérale de notre prénom francophone Aurore. Il est très en vogue actuellement aux États-Unis.

Eirlys

En gallois, elle est un « perce-neige ». Ce prénom est très apprécié en Écosse et commence à apparaître en France.

Fête le 5 octobre. Sainte Fleur, religieuse dans le Quercy au XIVe siècle, est sa patronne.

FAYE

Ce prénom est la forme anglo-américaine de Foy, ou Fé en espagnol, qui signifie « foi ». Il apparut aux États-Unis dans les années 1920.

Fête le 6 octobre. Sainte Foy est martyrisée pour s'être convertie, à l'âge de douze ans, à Agen, au IIIe siècle.

FÉNELLA

Typiquement irlandais, ce prénom signifie « la jeune fille aux épaules blanches ».

FIONA

Gaélique, ce prénom signifie « blonde ». Il est courant en Écosse, rare aux États-Unis.

FLANNERY

Elle est, selon son étymologie irlandaise, une « jeune fille aux sourcils roux ».

GINGER

Elle est le diminutif de Virginia, prénom latin qui signifie « vierge ».

Fête le 7 janvier. Sainte Virginie fut la bienfaitrice des pauvres à Gênes, au XVIe siècle.

GLENDA

Galloise, elle signifie « belle et bonne ». Son diminutif Glen est populaire aux États-Unis.

GWYNETH

Galloise, Gwyneth signifie « blanche » ; elle est le féminin du nom d'un personnage de la mythologie.

Fête le 18 octobre. Sainte Gwenn, pieuse mère de famille nombreuse en Bretagne au Ve siècle, est sa patronne.

HEATHER

Au XIXe siècle, en Grande-Bretagne, les prénoms botaniques avaient bonne presse. C'est à ce moment que Heather, qui signifie « bruyère », apparut. Mais son succès ne se développa que dans les années 1990. Aujourd'hui, il est populaire en Écosse et aux États-Unis.

Fête le 5 octobre. Sainte Fleur, religieuse dans le Quercy au XIVe siècle, est sa patronne.

HOLLY

Née au XIXe siècle, Holly qui signifie « houx » a connu le succès dans les années 1960 aux États-Unis. Elle est encore parmi les prénoms préférés en Écosse aujourd'hui.

Fête le 5 octobre avec sainte Fleur.

JENNA

Ce prénom est une forme moderne de Jeanne, très en vogue aux États-Unis. Elle a supplanté Joanna qui connut son apogée dans les années 1970.

Fête le 1er mai. Sainte Jeanne d'Arc est sa patronne.

JENNIFER

Forme anglo-américaine de Guenièvre, ce prénom celte signifie « blanche et douce ». Sa popularité fut très grande tout d'abord en Angleterre pendant la première moitié du XXe siècle, puis aux États-Unis dans les années 1980. Il s'épanouit en France aujourd'hui. On l'écrit aussi Jennyfer.

Fête le 18 octobre. Sainte Gwenn, pieuse mère de famille en Bretagne au Ve siècle, est sa patronne.

JILL

Diminutif anglais de Juliana, variante de Julie, ce prénom connut le succès aux États-Unis dès les années 1920.

Fête le 8 avril. Sainte Julie, fondatrice d'une institution pour jeunes filles pauvres au XIXe siècle, est sa patronne.

KAYLA, KAYLEE et KAYLEIGHT

Ces variantes de Catherine sont nées récemment aux États-Unis où elles semblent faire carrière. Elles viennent d'atteindre l'Écosse. Kayleight est une des favorites en Irlande.

Fête le 29 avril ou le 25 novembre. Sainte Catherine d'Alexandrie ou sainte Catherine de Sienne sont ses patronnes.

KELLY

Elle est le diminutif de Ceallagh, prénom celte qui signifie « église ». Ce prénom irlandais est très populaire aux États-Unis.

Fête le 1er mai. Saint Ceallagh fut évêque en Irlande au VIe siècle.

KIMBERLEY

Ce prénom qui signifie « prairie royale » fut en vogue aux États-Unis dans les années 1960. Il apparaît en Europe depuis 1990, avec son diminutif Kim.

KINNIE

Féminin de Ken, bien connu pour être le mari de la poupée Barbie, Kinnie, d'origine celte, signifie « belle ». Ce prénom en vogue aux États-Unis arrive en Europe.

Fête le 1er février. Sainte Kinnie fut moniale en Irlande au Ve siècle.

KYLIE

Elle est la forme féminine de Kyle, l'écossais, qui signifie « esprit de la lande ». Il est dans les favoris aux États-Unis actuellement.

LADONNA, LATONIA, LAVONNA & CIE

Ce mode de construction d'un prénom, composé d'un préfixe et d'un prénom courant (ou rare ou inventé), est apparu dans les années 1990 aux États-Unis. Ainsi, Ladonna est formée de LA et de Donna, « femme » en italien, Latonia est composée du préfixe LA et du prénom Tonia, forme féminine de Tony, Lavonna, construite avec LA et Vonna, diminutif d'Yvonne.

Les prénoms composés les plus courants aujourd'hui aux États-Unis sont :

Lajuana : LA et Juana, Jeanne en espagnol.

Lakeisha : LA et Aïsha, « femme » en arabe.

Lakenya : LA et le nom du Kenya.

Laqueena : LA et Queena, « petite reine » en anglais.

Lashona : LA et Shona, forme de Jeanne.

Latanya : LA et Tania.

Latescha et Latischa : variantes de Laetitia.

Latoya : le n° 1 au hit-parade.

Latricia : LA et Tricia pour Béatrice.

Lawanda : LA et Wanda, prénom slave.

LAUREN

Forme anglo-américaine de Laure, ce prénom fut en vogue dans les années 1940 aux États-Unis. Sa popularité a décliné dans les années 1960, mais aujourd'hui, il est très prisé en Angleterre et au pays de Galles.

Fête le 19 octobre. Sainte Laure, chrétienne andalouse au IXe siècle, fut martyre.

Leslie

Au XVIIIe siècle, ce prénom écossais était mixte. Il est devenu presque exclusivement féminin. Son étymologie est incertaine, mais on s'accorde à dire qu'il signifie « forteresse grise ».

Lindsay

Ce prénom anglais mixte est plus souvent féminin depuis les années 1950. Son succès ne se dément pas. Il signifie « île aux tilleuls ».

Lucy

Forme anglaise de Lucie, ce prénom est comme en France très apprécié en Angleterre et au pays de Galles actuellement. Lucie, prénom latin, signifie « lumière ».

Fête le 13 décembre. Sainte Lucie refusa d'abjurer ; elle fut enfermée dans une maison close, puis décapitée.

Madeline

Elle est la forme américaine de Madeleine. Ce prénom est actuellement très en vogue aux États-Unis.

Fête le 22 juillet. C'est à sainte Madeleine que Jésus annonça sa résurrection.

Rendez-vous page 261.

Madison

Ce prénom anglais est médiéval. Masculin à l'origine, il signifie « fils de Maud ». Il a été en faveur au XVIIIe siècle, puis a connu quelques décennies d'oubli. Il est aujourd'hui l'un des favoris, pour les filles, aux États-Unis.

Margery et Marjorie

Margery, variante de Marguerite, apparut en Angleterre dès le XIIe siècle et fut fréquente jusqu'au XIXe siècle. En traversant les siècles, elle se transforma en Marjorie, prénom plus spécifiquement écossais aujourd'hui.

Fête le 20 juillet. Sainte Marguerite est leur patronne.

MAUREEN

Elle est une forme irlandaise de Marie, qui fut en vogue dans les années 1950 aux États-Unis.

Fête le 15 août.

MEGAN

Elle est la forme galloise de Margaret, Marguerite en langue française. Après avoir brillé aux États-Unis, ce prénom a connu en France un succès rapide dans les années 1990, suivi d'un déclin aussi spectaculaire. Elle se maintient en bonne position en Écosse.

Fête le 20 juillet. Sainte Marguerite d'Antioche fut assassinée au IIIe siècle par le prince païen qu'elle refusait d'épouser.

MÉRÉDITH

D'abord masculin, ce prénom gallois qui signifie « grand chef » est devenu presque exclusivement féminin.

MERRYL

Féminin du prénom d'origine germanique Merri, Merryl a pour signification « courage de roi ». Ce prénom est répandu aux États-Unis.

Fête le 29 août. Saint Merri, abbé bourguignon au VIIIe siècle, se dévoua aux pauvres et aux malades.

MILLICENT

Ce prénom qui signifie « mille chemins » est né en Normandie au Moyen Âge. Très vite, il devint un favori en Grande-Bretagne où il connut son apogée au XVIIe siècle et au début du XXe siècle.

Moïra

Cette variante de Marie est fréquente en Écosse.

Fête le 15 août. Sainte Marie est sa patronne.

Molly

Ce prénom est une variante anglaise de Marie. Il eut au début du XXe siècle une connotation péjorative, car il nommait, en argot, la compagne d'un gangster. Cette expression ayant disparu, ce prénom est aujourd'hui un des préférés en Angleterre et au pays de Galles. On l'orthographie aussi Mollie.

Fête le 15 août. Sainte Marie est sa patronne.

Niamh

Ce prénom gaélique qui signifie « beauté » est un des favoris en Écosse.

Penny

Ce prénom eut un grand succès en Grande-Bretagne dans les années 1950. Il est le diminutif anglo-américain de Pénélope, prénom grec dérivé d'Hélène qui signifie « éclat du soleil ».

Fête le 18 octobre. Sainte Hélène, mère pieuse et dévouée de l'empereur d'Orient Constantin au IVe siècle, est sa patronne.

Sally

Ce prénom est une forme anglo-saxonne de Sarah. Il apparut au XVIIIe siècle, se fit oublier, puis redevint populaire au XXe siècle.

Rendez-vous page 174.

Samantha

Germanique, ce prénom signifie « juste pensée ». C'est entre 1960 et 1970 qu'il connut sa plus grande popularité aux États-Unis. Après quelques décennies d'oubli, il réapparaît outre-Atlantique.

Savannah

Ce prénom évoque la ville de Géorgie, aux États-Unis. Il est apparu au XIXe siècle. Les Américains apprécient beaucoup les prénoms géographiques, et celui-ci figure encore aujourd'hui dans les favoris.

Shakira, Shanita, Shanika

Ces prénoms américains résultent de la combinaison du préfixe SHA et des prénoms Kira (forme féminine russe de Cyril), Nita (forme sud-américaine de Anne) et Nika (forme dérivée de Nicolas).

Shannon

Mixte, ce prénom irlandais qui signifie « ancien » est devenu presque exclusivement féminin. Il est très apprécié en Écosse actuellement. Shana est son diminutif.

Sharon

Hébraïque, ce prénom signifie « plaine » et évoque un lieu au pied du mont Carmel. Il connut une grande popularité au milieu du XXe siècle aux États-Unis pour les filles, alors qu'il est plutôt masculin en Israël.

Sheila

Elle est une variante anglaise de Cécile, prénom latin qui signifie « aveugle ». Ce prénom était très courant en Australie au milieu du XXe siècle.

Fête le 22 novembre. Sainte Cécile est victime des persécutions contre les chrétiens à Rome au IIe siècle.

Shelley

Ce prénom anglais qui signifie « clairière » fut mixte jusqu'à la moitié du XXe siècle. Il est aujourd'hui davantage attribué aux filles.

Sheryl

Ce prénom est une variante de Charlotte, prénom d'origine germanique qui signifie « viril ». On l'orthographie aussi Chéryl.

Fête le 17 juillet. La bienheureuse Charlotte était la doyenne des carmélites guillotinées sous la Révolution.

Shona

Ce prénom qui s'écrit aussi Shawna est l'une des nombreuses formes irlandaises de Joan. Joan est la traduction de Jeanne, prénom hébraïque qui signifie « Dieu est miséricordieux ». Elle connut, comme Johanna, un grand succès dans les années 1960. Aujourd'hui, ce sont Shona, Sheena, Sinead et Siobbhan qui ont la faveur des parents, en particulier dans les familles de culture gaélique.

Fête le 30 mai. Sainte Jeanne est leur patronne.

Sierra

Ce prénom en vogue aux États-Unis a une étymologie incertaine ; il est possible qu'il soit une transformation de Ciara, prénom irlandais qui signifie « noire ». Mais certains pensent qu'il fait allusion aux chaînes de montagnes dans les pays de langue espagnole.

En tout cas, ce prénom est parmi ceux qui sont les plus populaires aux États-Unis actuellement.

Taylor

Il signifie « tailleur » en anglais. Apparu au XIXe siècle, il fait partie de ces prénoms modernes qui sont aujourd'hui en vogue. Aux États-Unis, il est dans les favoris.

TESS

Comme Tessa, ce prénom est le diminutif anglo-américain de Thérèse, d'origine grecque, qui signifie « chasse ».

Fête le 1er octobre. Sainte Thérèse d'Ávila, carmélite au XVIe siècle, fut docteur de l'Église, sainte Thérèse de Lisieux fut également carmélite au XIXe siècle.

TIFFANY

Ce prénom est la traduction de Tiphaine, forme francisée de Théophanie, d'origine grecque, qui signifie « qui apparaît à Dieu ». Il a un immense succès aux États-Unis.

Fête le 6 janvier. Saint Épiphane fut évêque de Pavie au Ve siècle.

VICTORIA

Elle est la forme anglaise de Victoire, prénom latin qui signifie « victoire ». La reine Victoria l'illustra au XIXe siècle. Vicky, son diminutif, fut populaire dans les années 1950 en Angleterre. Victoria revint à la mode en France dans les années 1980.

Fête le 15 novembre. Sainte Victoire qui animait un groupe de prière en Afrique du Nord au IVe siècle fut massacrée avec ses amies.

WALLIS

Elle est le féminin de Wallace, et signifie « galloise ».

WHITNEY

En vieil anglais, elle est une « île blanche ». Ce prénom jadis mixte s'est féminisé dans les années 1980.

Prénoms latinos

Typiquement basques, espagnols ou italiens, ils ont franchi leurs frontières et sont depuis quelques années parmi les favoris dans plusieurs autres pays d'Europe. Paolo, Carla, Enzo, Inès, entre autres, sont désormais parmi nous et donnent un peu de fantaisie à nos grands classiques. Découvrez notre sélection des prénoms latinos, chantants, ensoleillés et pleins de charme, en vogue aujourd'hui.

Garçons

Aldo

Il n'existe pas d'équivalent français pour ce prénom masculin d'origine germanique, qui signifie « noble ». Dans les pays anglo-saxons, il devient Aldous.

Alvaro

Équivalent espagnol d'Albéric, d'origine germanique, qui signifie « roi puissant », ce prénom était très en vogue au Moyen Âge en Castille, et revient au goût du jour.

Fête le 26 janvier. Saint Albéric fut l'un des fondateurs de l'ordre des cisterciens en Bourgogne au VIe siècle.

AMERIGO

Ce prénom est la forme latine de Ayméric, prénom d'origine germanique qui signifie « maison du roi ». Il fut porté par Amerigo Vespucci, né à Florence, en Italie, qui découvrit le Nouveau Monde, qui devint les Amériques en son honneur.

AMILCAR

Ce général carthaginois, père d'Hannibal, conquit l'Espagne méridionale au IIIe siècle avant J.-C. Ce prénom se rencontre chez les Ibères.

ANDREA

Ce prénom est la forme italienne d'André, d'origine grecque, qui signifie « homme ». En Italie, ce prénom est attribué aux garçons. En France, aujourd'hui, on le préfère pour les petites filles, sans doute à cause de sa terminaison en A.

Fête le 30 novembre. Saint André fut un apôtre du Christ.

ANGELO

Ange est rare en France, Angelo est courant en Italie. Il signifie, selon son étymologie grecque, « messager ». Sa forme française Angel est rarissime.

Fête le 5 mai. Saint Ange, chrétien de Palestine au XIIIe siècle, fut assassiné en Sicile.

BIXENTE

Ce prénom est la forme basque de Vicente, espagnol de Vincent, qui signifie en latin « qui vainc ».

Fête le 22 janvier. Saint Vincent de Paul fut après bien des péripéties l'aumônier de la reine Margot, puis il fonda plusieurs congrégations, au XVIIe siècle.

CRISTOBAL

Il est, en Espagne, l'équivalent de Christophe en France. Cristobal connut le succès au XVIe siècle. Christophe Colomb en est un digne représentant, ainsi que Cristobal de Morales, un compositeur andalou.

Fête le 25 juillet. Rendez-vous page 315.

DARIO

Darius fut roi de Perse au Ve siècle avant J.-C. Il fit construire Persépolis et mena une politique de conquérant, mais il fut battu par les Grecs à Marathon. Dario est un prénom qui fut courant en Espagne.

Fête le 25 octobre.

DIAZ et DIEGO

Ils sont tous deux des formes espagnoles de Jacques, prénom d'origine hébraïque qui signifie « Dieu a soutenu ».

Fête le 3 mai. Saint Jacques le Mineur, apôtre du Christ, est leur patron.

DONATO

Ce bel italien est notre Dieudonné, qui signifie « donné par Dieu ».

Fête le 19 juin. Saint Déodat fonda un monastère dans les Vosges, à l'endroit qui porte aujourd'hui son nom, Saint-Dié.

DUARTE

Ce prénom est la forme portugaise d'Édouard.

Fête le 5 janvier. Rendez-vous page 196.

EGUZKI

Ce prénom est une forme basque de Sol, d'origine espagnole, qui signifie « soleil ».

Fête le 3 décembre.

Élias

C'est Élie en espagnol comme en allemand. On rencontre aussi parfois en Espagne Éliu.

Rendez-vous page 157.

Ennio

Ce prénom italien n'a pas d'équivalent en français ; il signifie « destiné ».

Enzo

Ce prénom qui est l'un des plus appréciés en France depuis l'an 1990 est la forme italienne de Heinrich, Henri en français, prénom germanique qui signifie « maison du roi ». Certains le considèrent comme le diminutif de Lorenzo, italien de Laurent qui signifie « laurier » en latin.

Fête le 13 juillet. Saint Henri, roi de Bavière au Xe siècle, fonda plusieurs monastères et hôpitaux dans son royaume.

Fête le 10 août. Saint Laurent fut diacre et martyr à Rome au IIIe siècle.

Esteban

Il est la forme espagnole de Stéphane ou d'Étienne, tous deux d'origine grecque avec la même signification, « couronné ». Esteban fait partie des favoris depuis 2000. On rencontre aussi parfois Estefan, et Esteve en Catalogne.

Fête le 26 septembre. Saint Étienne fut lapidé au Ier siècle à Jérusalem pour avoir prêché l'Évangile.

Florès

Ce masculin de Florent est bien connu dans les pays de culture espagnole d'Amérique du Sud.

Fête le 4 juillet. Saint Florent évangélisa le Quercy au Ve siècle.

Gorka

Il est la forme basque de Georges, prénom d'origine grecque qui signifie « celui qui travaille la terre ».

Fête le 23 avril. Saint Georges fut un chevalier romain ; d'après la légende, il terrassa un dragon, en Libye, au IIIe siècle.

Inaki

Ce prénom basque est la traduction d'Ignace, prénom d'origine latine qui signifie « feu ». Ignace était courant en Espagne au Moyen Âge. Inaki a plus d'adeptes aujourd'hui.

Fête le 31 juillet. Saint Ignace de Loyola, basque au XVe siècle, fut le fondateur de la Compagnie de Jésus.

Jenaro

Il nommait en principe les petits garçons nés en janvier. La forme espagnole de ce prénom s'écrit avec un J, la forme italienne avec un G.

Lanzarote

Il est la traduction espagnole de Lancelot, héros de l'œuvre de Chrétien de Troyes au Moyen Âge.

Rendez-vous page 279.

Lorenzo

Il est en Italie notre Laurent, qui signifie « laurier ». Ce prénom fait partie des grands classiques italiens. Son diminutif Enzo est très en vogue en France depuis l'an 2000.

Fête le 10 août. Saint Laurent fut diacre et martyr à Rome au IIe siècle.

Marco

San Marco est patron de la ville de Venise. On ne s'étonnera pas de la vogue de la forme italienne de ce prénom qui franchit les Alpes et prend le relais de notre Marc.

Fête le 25 avril. Saint Marc rédigea le deuxième Évangile et fonda la première communauté chrétienne à Alexandrie.

Mattéo

Cette forme italienne de Mathieu connaît un succès croissant en France depuis les années 1990, dans le sillage d'Enzo et de Marco. On l'écrit aussi Matéo ou Matthéo.

Fête le 21 septembre. Saint Matthieu fut apôtre du Christ.

Moctezuma

Ce prénom était porté par un empereur aztèque qui régnait à l'arrivée des Espagnols au Mexique au début du XVIe siècle. Il est encore usuel dans ce pays.

Orazio

Horace se fait rare, l'italien Orazio, moins sévère, nous sourit.

Pablo et Paolo

Paul est dans les pays francophones un des prénoms favoris de ce début de XXIe siècle. Il n'y a rien d'étonnant que ses formes latines soient aussi à l'honneur. L'espagnol Pablo suit de près l'italien Paolo.

Fête le 29 juin. Saint Paul fut apôtre du Christ.

Parsifal

Ce prénom est la forme espagnole et italienne de Perceval, chevalier de la Table ronde dans la légende du roi Arthur.

Rendez-vous page 280.

Rocco

Il est la forme italienne de Roch, prénom d'origine hébraïque qui signifie « guide ».

Roméo

En Italie, il est tout simplement « originaire de Rome », comme Romain ou Roman en France.

Salvador et Salvator

Dans les pays latins, ce prénom fait allusion au Christ sauveur. Il est très populaire en Espagne comme en Italie. La forme basque de ce prénom est Gaitzka.

Fête le 13 mars.

Sancho

Au Moyen Âge, ce prénom d'origine latine qui signifie « saint » était très populaire en Espagne. Plusieurs rois de León et de Castille le portèrent, ainsi que l'un des héros de l'œuvre de Cervantès « L'Homme de la Mancha ».

Fête le 5 juin.

Santiago

L'apôtre Jacques évangélisa l'Espagne. Sancte Iacobe se transforma en Santiago, et devint un prénom courant tant en Espagne que dans les pays d'Amérique latine.

Fête le 25 juillet. Saint Jacques le Mineur est son patron.

Silvio et Silvano

Ils sont tous deux « Sylvestre », ces prénoms qui traduisent notre Sylvain. Ces deux prénoms suivent Marco, Pablo, Paolo et les autres.

Fête le 4 mai. Saint Sylvain, évêque de Gaza, fut martyr en Palestine au IVe siècle.

TOMASO

Il est Thomas en Italie, où il fut courant dès le XVIIe siècle. Il suit au hit-parade la vogue de Marco, Matteo et Enzo.

Fête le 3 juillet. Saint Thomas fut apôtre de Jésus.

UMBERTO

Humbert, qui signifie « ours illustre », est en France un prénom rare. Umberto est plus courant en Italie.

Fête le 25 mars. Saint Humbert, fils du comte de Savoie au XIIe siècle quitta son monastère pour se marier et assurer la descendance de la famille sur ordre de son père.

VELASCO et VASCO

Ce prénom et son diminutif indiquent l'appartenance au peuple basque. Ils datent du Moyen Âge et apparaissent parfois sous forme de patronyme, comme celui du peintre Vélasquez.

FILLES

ADRIANA

Autant Adrienne est un prénom oublié, autant Adriana est un prénom en vogue dans les pays latins, que ce soit en Espagne, en Italie ou en Amérique du Sud.

Fête le 8 septembre. Saint Adrien, gardien des chrétiens emprisonnés à Rome au IVe siècle, subit le martyre avec eux.

AINOA

Très souvent en Espagne, on attribue aux petites filles le nom d'une madone. Un sanctuaire est dédié à la Vierge dans la localité d'Ainoa au Pays basque. Ainoa est devenu prénom, et s'écrit aussi Ahinoa.

Fête le 15 août. Sainte Marie est sa patronne.

AÏTANA

Au Pays basque, ce prénom signifie « gloire ».

Fête le 25 mars.

ALLEGRA

Il est l'équivalent du Laetitia italien et français, et signifie « joie ».

Fête le 18 août. Notre-Dame de Liesse est sa patronne.

ALMUDENA

La Vierge de la Almudena est la sainte patronne de Madrid. Ce nom signifie en arabe « la ville ».

Fête le 19 février.

AMALIA

Prénom classique au Portugal, Amalia, d'origine grecque, signifie « douce ».

Fête le 10 juillet.

ANDREA

En Italie, ce prénom nomme les garçons. Mais depuis 2000, il est devenu courant en France pour les petites filles alors qu'Andrée, prénom d'origine grecque qui signifie « homme », est bien oubliée.

Fête le 9 juillet. Sainte Andrée, religieuse, fut décapitée sous la Terreur.

Araceli

Un sanctuaire fut élevé en l'honneur de la Vierge Marie à Rome, sur le mont Capitole, à l'emplacement du temple païen à Jupiter. Il porte le nom de Notre-Dame de Araceli. Ce nom est devenu un prénom assez répandu.

Fête le 2 mai.

Arantxa

Un sanctuaire dédié à Notre-Dame est situé dans la province basque de Guipuzcoa. Il porte le nom de Notre-Dame-de-Aranzazu. Arantxa qui en est le diminutif est devenu un prénom très en vogue.

Fête le 15 août.

Briseida

Briséis était dans la mythologie grecque un personnage de la guerre de Troie, une vierge esclave captive d'Achille qu'Agamemnon lui ravit. Ce prénom est apprécié en Espagne.

Carla

Très en vogue en France après avoir été un des favoris en Espagne, Carla est l'équivalent de Charlotte, prénom d'origine germanique qui signifie « virile ».

Fête le 17 juillet. Sainte Charlotte fut la doyenne des carmélites guillotinées sous la Révolution avec ses compagnes.

Carmen

Ce prénom est typiquement espagnol. Il signifie en latin « chant », mais il doit sa popularité à Notre-Dame-du-Carmel, à Grenade. L'œuvre de Bizet a renforcé sa renommée.

Fête le 16 juillet.

Casilda

D'origine arabe, ce prénom signifie « petite maison ». Il a été traduit en français par Casilde, mais il reste très rare sous cette forme francisée.

Fête le 9 avril. Sainte Casilda, fille du roi de Tolède au XIe siècle, soutient les chrétiens en dépit des menaces de son père païen et vit en ermite jusqu'à sa mort.

Chiara

Elle est la traduction italienne de Claire, prénom d'origine latine.

Fête le 11 août. Sainte Claire d'Assise est sa patronne.

Citlalli

Ce prénom aztèque est répandu au Mexique. Il signifie « étoile ».

Clara

Espagnole, elle est notre Claire. Cette forme est une grande favorite du hit-parade des prénoms aux consonances étrangères.

Fête le 11 août. Sainte Claire fonda l'ordre des clarisses sur le conseil de saint François d'Assise, au XIIe siècle.

Dolorès

Ce prénom espagnol classique fait allusion aux « sept douleurs de la Vierge Marie ». Ce sont aujourd'hui ses diminutifs Lola et Lolita qui ont la préférence.

Fête le 15 septembre. Sainte Dolorès, supérieure de son couvent en Espagne au XIXe siècle, fonda une école pour enfants pauvres.

DONATELLA

Donata et Donatella signifient « don de Dieu », tout comme Dorothée et Théodora. Donatella est très en vogue en Italie aujourd'hui.

ESPERANZA

Espérance était une des trois filles de sainte Sophie.

Fête le 18 septembre. Sainte Esperanza subit le martyre à Rome au IIe siècle avec sa mère et ses sœurs.

ESTIBALIZ

Ce prénom basque signifie « douce comme le miel ». Il est assez répandu.

Fête le 1er mai.

GEMMA

Ce prénom italien qui date de la Renaissance n'a pas de correspondant français. Il signifie « pierre précieuse ». Il fut porté par la femme du poète Dante Alighieri au XIIIe siècle.

Fête le 14 mai.

GILDA

Ce prénom italien est une forme féminine diminutive de Hermenegilde, prénom germanique qui signifie « otage de l'armée ».

Fête le 29 janvier.

GUADALUPE

Ce prénom est attribué dans les pays de culture hispanique en l'honneur de la Vierge de Guadalupe, qui apparut au Mexique au XVIe siècle à un jeune Indien, Juan Diego.

Fête le 15 août. Sainte Marie est sa patronne.

Imelda

Ce prénom est le diminutif italien d'un prénom germanique rare, Irmhild, qui signifie « combat du dieu Irmin ».

Fête le 17 septembre.

Indalecia

Basque, ce prénom signifie « force ».

Fête le 15 mai.

Inès

Forme espagnole d'Agnès, prénom d'origine grecque qui signifie « chaste », Inès a remporté un franc succès dès le Moyen Âge. En France, c'est dans les années 1990 qu'il s'impose.

Fête le 10 septembre. Sainte Inès fut condamnée au supplice, au Japon, au XVIIe siècle, pour avoir reçu chez elle des missionnaires.

Isberga

Ce prénom espagnol est une adaptation d'un vieux prénom germanique, Isanberge, qui signifie « protection de fer ». Il fut porté par une sœur de Charlemagne qui, le trouvant sans doute trop sévère, le tranforma en Isberga.

Fête le 21 mai.

Laetitia

Italien, corse ou français, Laetitia change parfois d'orthographe, mais pas de signification. Elle est « allégresse ».

Fête le 18 août. Notre-Dame de Liesse est sa patronne.

Laïa

Elle est une forme diminutive catalane d'Eulalie, assez répandue.

Fête le 12 février. Sainte Eulalie, enfant espagnole au IVe siècle, mourut sur le bûcher.

LAVINIA

L'Espagne a retenu ce prénom mythologique qui, dans l'*Énéide* de Virgile, est celui de la femme d'Énée. Issu du grec, il signifie « pierre ».

LIVIA

D'origine latine, ce prénom qui n'a pas d'équivalent en langue française signifie « livide ». Il était courant dans la Rome antique et fut porté par la femme de l'empereur Auguste, mère de l'empereur Tibère, au Ier siècle avant J. -C.

LORELLA

Ce prénom italien est une forme dérivée de Laura, d'origine latine, qui signifie « laurier ». Laurence, Laure, puis Laura se sont succédé au hit-parade des prénoms féminins depuis les années 1950. Lorella est en vogue en Italie actuellement.

Fête le 19 octobre. Sainte Laure fut une jeune martyre espagnole au IXe siècle.

LORENA

Forme espagnole de Lorraine, ce prénom a beaucoup d'adeptes dans la péninsule Ibérique.

LOURDES

C'est, comme pour Montserrat ou Nieves, par exemple, la Vierge qui est à l'origine de ce prénom qui nomme la ville dans laquelle Marie apparut à Bernadette Soubirous.

Fête le 15 août. Sainte Marie mère de Jésus est sa patronne.

Macarena

La Vierge de la Macarena, patronne de Séville, est à l'origine de ce prénom espagnol assez usuel.

Fête le 15 août.

Mafalda

Elle est une variante espagnole et portugaise de Mathilde, qui date du Moyen Âge. Une reine d'Espagne, fille d'un roi de Portugal, l'a porté au XIIIe siècle. On rencontre aussi Mahalta, qui est une forme poétique du prénom.

Fête le 2 mai.

Marisol

Ce prénom espagnol est une forme composée de Maria et de Sol, ce qu'on pourrait traduire par Marie-Soleil. Certains préfèrent que Marisol soit un diminutif de Maria-Soledad. Soledad est en effet un prénom courant en Espagne, qui fait référence à Notre-Dame de la Solitude.

Fête le 15 août.

Mercédès

Ce prénom espagnol fait référence à Notre-Dame du Pardon (Virgen de la Merced), patronne de la ville de Barcelone.

Fête le 24 septembre.

Milagros

Notre-Dame des Merveilles (Nustra Senora de Milagros) est la patronne des îles Canaries. Le prénom Milagros en est issu.

Fête le 9 juillet.

Miranda

Latine d'origine, Miranda signifie « admirable » et ne connaît pas d'équivalence en langue française.

Montserrat

La Vierge du Mont-Serrat est la patronne de la Catalogne. Montserrat est devenu un prénom en Espagne.

Fête le 27 avril.

Nieves

Notre-Dame des Neiges, appelée aussi sainte Marie Majeure, est particulièrement vénérée à Rome. Nieves, dont la traduction littérale est « neiges », symbole de la blancheur et de la pureté, est devenu un prénom usuel.

Fête le 5 août.

Ornella

Elle est en Italie l'équivalent de notre Aurélie. Ornella est en vogue en France depuis 1990.

Osanna

Ce prénom d'origine hébraïque, qui signifie « propice », est populaire en Italie et en Espagne. Il commence tout juste à se faire connaître dans le reste de l'Europe.

Fête le 21 août. Sainte Osanna, jeune Hongroise en Italie au XVe siècle, entra dans les ordres malgré l'opposition de son père et mourut prématurément.

Paloma

D'origine latine, elle signifie « colombe ».

Fête le 31 décembre. Sainte Colombe, noble espagnole au IIIe siècle, se fait baptiser et s'apprête à rejoindre une colonie chrétienne lorsqu'elle est arrêtée et condamnée.

PILAR

Selon la légende, la Vierge Marie serait apparue sur un pilier d'agate, sur les rives de l'Èbre, à saint Jacques. Nuestra-Senora del Pilar est la protectrice de la province d'Aragon, et ce prénom est usuel dans cette région.

Fête le 12 octobre.

SARAÏ

Elle est la forme espagnole de Sarah.

Rendez-vous page 174.

SERENA

Elle est « sereine », cette italienne, qui se décline en Serenella. Elle n'a pas d'équivalent en langue française.

TOSCA

Ce prénom d'origine latine signifie « étrusque ». On le rencontre parfois en Espagne.

Fête le 5 juillet.

WANDA

Germanique, elle signifie « émigrante ». Si elle est courante en Italie, elle est rarissime en France.

ZAÏRA

D'origine arabe, ce prénom qui signifie « resplendissante » se rencontre en Espagne.

Prénoms nordiques

Guerriers redoutables et habiles marchands, ils ont gagné les côtes de France sur leurs drakkars et occupé le pays dès le IXe siècle. Ces Vikings venus de Norvège et de Danemark se sont installés, et de « northmen » (hommes du Nord), comme les appelaient les Anglais, ils sont devenus les Normands. Certains prénoms scandinaves sont populaires depuis longtemps : Éric est devenu un grand classique en Europe et Ingrid n'est pas rare. Mais voici que Neil et Solveig apparaissent à l'état civil, entraînant dans leur sillage des prénoms moins connus.

Garçons

Alrik

Ce prénom qui signifie « noble roi » est une forme scandinave d'Aldric.

Fête le 29 septembre.

Andreas

André revient à la mode en France, non pas sous sa forme classique, mais sous ses formes étrangères. Andrea l'italien plaît déjà beaucoup, Andreas le scandinave apparaît. Il est déjà revenu au goût du jour en Scandinavie.

Fête le 30 novembre. Saint André fut un apôtre du Christ.

ANSFRID

Ans est une divinité de la mythologie scandinave très présente dans la composition de certains prénoms. Ansfrid est « celui qui apporte la paix avec Ans ». On rencontre aussi Osfrid.

Fête le 3 mai.

ANSWALD

Ce prénom est la forme originelle du prénom germanique Oswald. Il signifie « celui qui gouverne avec Ans ».

Fête le 5 août. Saint Osvald, roi de Northumbrie au VIIe siècle, consacra ses efforts à l'évangélisation de son pays.

ARNE

Il est une forme scandinave courante d'Arnold, qui est en France Arnaud. Ces trois prénoms signifient « aigle qui gouverne ». On rencontre aussi Arn et plus rarement Arild et Arnoulf.

Fête le 10 février. Saint Arnaud, moine bénédictin en Italie au XIIIe siècle, est son patron.

ASGEIR

Scandinave, ce prénom signifie « lance des dieux Ases ». Les Ases étaient l'ensemble des dieux de la mythologie scandinave et germanique. Ce prénom fut porté au IXe siècle par un chef viking. On rencontre aussi Osgeir.

ASLAK

Les dieux sont encore présents dans ce prénom qui signifie « jeu des dieux Ases ».

Axel

Il est une variante scandinave d'un très vieux prénom hébraïque, Absalom, qui signifie « père de la paix ».

Fête le 21 mars. Saint Axel, né au Danemark au XIIe siècle, fut archevêque de Lund et conseiller du roi Valdemar Ier.

Bertil

Ce prénom mixte très en vogue dans les pays scandinaves a une origine germanique et signifie « illustre et habile ».

Fête le 6 novembre.

Bjorn

Ce prénom est typiquement scandinave. Il signifie « fort comme un ours ».

Christian

Ce prénom typiquement nordique, comme Éric, est lui aussi devenu un traditionnel français au milieu du XXe siècle. Kristian reste aujourd'hui un des préférés au Danemark, dont il est un prénom emblématique : dix rois le portèrent entre le XVe et le XXe siècle.

Fête le 12 novembre. Saint Christian, cuisinier dans un monastère en Pologne au XIe siècle, périt massacré par des païens.

Dagmar

Mixte, il signifie « brillant comme le jour » et il est très populaire dans les pays nordiques depuis des décennies.

Dirk

Il est le diminutif néerlandais de Didrick, prénom germanique qui signifie « puissant dans le peuple ». Il est courant dans les pays anglo-saxons.

Éric

Voici le grand classique indémodable, qui prit son essor au milieu du XXe siècle. Les pays latins l'adoptèrent, tout comme les Amériques, sous les formes Rick, Ricky, Rico. Il reste actuellement dans les préférés en Suède.

Erik fut le prénom de sept rois de Danemark, de deux rois de Norvège et de quatorze rois de Suède. Erik le Rouge, explorateur norvégien, découvrit le Groenland au Xe siècle.

Fête le 18 mai. Saint Éric, roi de Suède au XIIe siècle, consacra toute son énergie à l'évangélisation de son pays.

Erwin

Il est, selon son étymologie germanique, un « noble ami ». Il est bien connu en Grande-Bretagne et aux États-Unis sous sa forme Irving.

Frédéric

Germanique, ce prénom qui signifie « paix du roi » nomma plusieurs rois de Danemark, de Norvège, de Prusse, de Sicile et un empereur du Saint Empire romain germanique, Frédéric Barberousse, au XIIe siècle. Il fut un des grands classiques en Europe entre les années 1940 et 1980.

Fête le 18 juillet. Saint Frédéric fut évêque d'Utrecht au IXe siècle.

Grimm

Ce prénom est également un patronyme courant dans les pays scandinaves et en Allemagne. Il signifie « casqué ». Une variante: Grimoald, « casque renommé », prénom médiéval, illustré à la cour de France au VIIe siècle.

Gunnar

Il est la forme scandinave de Gunther, prénom germanique qui signifie « seigneur combattant ». On rencontre aussi Gundar.

Haakon

Typiquement scandinave, ce prénom qui signifie « grand protecteur » fut porté par plusieurs rois de Norvège, du Xe au XXe siècle.

Halvard

Ce prénom norvégien signifie « homme libre ».

Fête le 15 mai. Saint Halvard, moine au XIe siècle, est le patron d'Oslo.

Harald

Plusieurs rois de Danemark et de Norvège portèrent ce prénom qui est usuel en Scandinavie. Il signifie « celui qui commande l'armée ».

Fête le 1er novembre. Saint Harald, roi de Norvège au Xe siècle, favorisa l'évangélisation de son pays et fut assassiné par des païens.

Ingmar

Typiquement suédois, ce prénom signifie « fils du dieu Ing ». Ing, dans la mythologie nordique, est le dieu de la fertilité et de la paix ; son nom est à l'origine de nombreux prénoms masculins et féminins.

Ivar

Ce prénom est une forme de Ingvar, qui signifie « soldat du dieu Ing ». Il fut porté par un chef viking installé à Dublin au Xe siècle.

KASPER

Il est la traduction de Gaspard en Scandinavie. D'origine sanscrite, ce prénom signifie « celui qui vient voir ». On rencontre aussi Jasper.

Fête le 6 janvier. Gaspard est l'un des Rois mages.

KNUT

Norvégien et suédois sous cette orthographe, il devient Knud en danois. Il est Canut en allemand, et signifie « blanc ».

Fête le 19 janvier. Saint Knud, roi du Danemark au XIe siècle, favorisa l'évangélisation de son pays.

LARS

Cette forme scandinave de Laurent, prénom d'origine latine qui signifie « laurier », est très courante au Danemark.

Fête le 10 août. Saint Laurent fut diacre et martyr à Rome au IIIe siècle.

LENNART

Il est la traduction scandinave de Léonard, « dur comme un lion ».

Fête le 26 novembre. Saint Léonard fut un moine franciscain au XVIIIe siècle.

LOTHAR

Lothaire, d'origine germanique, signifie « célèbre dans l'armée ». Il était courant en Allemagne et dans la France du haut Moyen Âge. Lothar en est la forme scandinave.

Fête le 7 avril.

MANFRED

Ce prénom qui signifie « protecteur » a été « importé » par les Vikings en Normandie au Xe siècle. Mainfroi était sa forme médiévale.

Fête le 28 janvier.

MARKUS

Il est l'équivalent de Marc en Scandinavie. Ce prénom fait partie des indémodables norvégiens. On rencontre aussi Marcus.

Fête le 25 avril. Saint Marc est l'un des apôtres du Christ, auteur du deuxième Évangile.

MATS

Il est la forme scandinave de Mathieu, prénom hébraïque qui signifie « don ».

Fête le 21 septembre. Matthieu est l'un des apôtres du Christ.

MORTEN

Il est la forme danoise de Martin. On rencontre Marten en Suède, Marteen aux Pays-Bas. Tous trois rencontrent le même succès que Martin en France.

Fête le 11 novembre. Saint Martin fut évêque de Tours au IVe siècle.

NIALL et NIELS

Ces prénoms sont la forme danoise de Neil, gaélique, qui signifie « champion ». Niels est un classique dans les pays scandinaves, Niall est une forme irlandaise plus récente.

Fête le 5 décembre. Saint Niels, géologue danois au XVIIe siècle, se convertit et devint évêque.

OLE

Il est la forme moderne du norvégien Olaf et du suédois Olav, qui signifient « ancêtre ». Olaf a été porté par plusieurs rois de Danemark, et Olav par plusieurs souverains norvégiens à travers les siècles. Ole est aujourd'hui plus fréquent qu'Olaf ou Olav.

Oscar

Il est la forme moderne d'Anshaire, qui signifie « lance de Ans ». Plusieurs rois de Suède et de Norvège portèrent ce prénom. Il est actuellement le n° 1 en Suède, et gagne du terrain dans le reste de l'Europe.

Fête le 3 février. Saint Anshaire, évêque de Hambourg au IXe siècle, convertit le roi de Suède Olaf.

Ralf

Ce prénom est le diminutif de Rodulf, forme scandinave de Rodolphe, qui signifie « loup conseiller ». Le prénom Raoul en est une autre forme francisée.

Fête le 7 juillet.

Roald

Scandinave, il est « homme de grande renommée ».

Rurik

Il est la forme scandinave de Roderik, qui signifie « puissant et glorieux ». Roderik fut le dernier roi wisigoth, au VIIIe siècle, Rurik fut un chef viking qui emmena ses drakkars sur les côtes de Normandie.

Sigmar, Sigurd et Sigvald

Plusieurs prénoms scandinaves, masculins et féminins, sont composés du mot sig, qui signifie victoire. Sigmar est « célèbre victoire ». Sigurd est « gardien de la victoire ». Quant à Sigvald, il est « puissant par la victoire ».

Fête le 1er février

Snörri

Islandais, il signifie « celui qui combat ».

Sören

Version scandinave du latin Séverin, ce prénom signifie « exigeant ». Il est très en vogue actuellement au Danemark.

Fête le 8 janvier. Saint Séverin fut missionnaire en Europe centrale au Ve siècle.

Sven

Ce prénom est lui aussi un des favoris au Danemark. Il signifie « jeune homme ». On l'orthographie aussi Svend ou Svenn.

Fête le 5 décembre.

Tancrède

Il est la forme normande d'un prénom viking, Dankrad, qui signifie « sage conseiller ». Tancrède fut courant au Moyen Âge, et de très nombreux croisés portèrent ce prénom.

Thorkil

Danois, ce prénom signifie « casque de Thor ». Thor est, dans la mythologie scandinave, le fils d'Odin, et le dieu du tonnerre et de la pluie bienfaisante.

Thorlak

Ce prénom danois signifie « le jeu de Thor ».

Fête le 23 décembre. Saint Thorlak fut évêque en Islande au XIIe siècle. Il lutta contre la polygamie.

Thorsten

Signifiant « pierre de Thor », ce prénom est usuel en Scandinavie ; il fut illustré par un chef viking au IXe siècle.

TUROLD

Ce prénom est la forme francisée de Thorvald, prénom très courant dans les pays scandinaves et qui signifie « puissance de Thor ».

YORGEN

Il est la forme scandinave de Georges, prénom d'origine grecque qui signifie « celui qui travaille la terre ».

Fête le 23 avril. Saint Georges, chevalier romain converti, fut décapité au IIIe siècle en Perse.

FILLES

ALFHILD

Elle est « combattante avec les elfes ».

ALRUN

Ce prénom scandinave signifie « noble et sage ».

ALWINE

Ce prénom d'origine germanique est « noble amie ».

ASTRID

« Cavalière divine », Astrid est dans la mythologie scandinave une Walkyrie, divinité qui accueille les guerriers dans le Walhalla, paradis des héros morts au combat.

AXELLE

Elle est la forme féminine d'Axel, variante scandinave de Absalom, prénom hébraïque qui signifie « père de la paix ».

Fête le 21 mars. Saint Axel, né au Danemark au XIIe siècle, fut archevêque de Lund et conseiller du roi Valdemar Ier.

Bathilde

D'origine germanique, ce prénom médiéval prénomma une reine de France au VIIe siècle.

Il est toujours en vogue dans les pays nordiques, où il signifie « guerrière combattante ».

Fête le 30 janvier. Sainte Bathilde fut la femme de Clovis II.

Bertille

Ce prénom mixte très en vogue dans les pays scandinaves s'écrit indifféremment Bertil ou Bertille pour une fille. D'origine germanique, il signifie « illustre et habile ».

Fête le 6 novembre.

Britta et Britte

Elles sont le diminutif de Birgit et Birgitta, formes scandinaves de Brigitte, prénom d'origine celte qui signifie « élévation ».

Fête le 23 juillet. Sainte Brigitte est la femme d'un prince suédois au XIVe siècle. Devenue veuve prématurément, elle élève ses huit enfants et se retire dans un monastère.

Bodil

Ce prénom suédois a une variante danoise, Bodilde. Toutes deux signifient « combattante ».

Dagmar

Ce prénom mixte signifie « brillant comme le jour » et il est très populaire dans les pays nordiques depuis des décennies.

Dithilde et Ditgarde

Ces prénoms d'origine germanique ont des étymologies voisines. Dithilde est « celle qui combat pour le peuple », Ditgarde « celle qui protège le peuple ».

Fête le 28 juin.

Eldrid

Comme Astrid et Ingrid, elle est une des Walkyries, divinités qui, dans la mythologie scandinave, président aux combats et accompagnent les héros vers le paradis des guerriers, le Walhalla. Ce prénom signifie « celle qui chevauche le feu ».

Elfi

Ce prénom est le diminutif d'Elfrid, elle-même variante d'Alfreda qui signifie « noble pacificatrice ».

Fête le 15 novembre. Saint Alfred fut moine en Allemagne au IXe siècle.

Elin

Version scandinave d'Hélène, ce prénom est le n° 2 au hit-parade des prénoms féminins en Suède et au Danemark, après Emma.

Fête le 18 août. Sainte Hélène fut la mère de l'empereur Constantin en Grèce au IVe siècle.

Elma

Ce prénom très en vogue en Scandinavie est avec Wilma un diminutif de Wilhelmina, version germanique de Guillemette.

Rendez-vous page 251.

Else

Elle est comme Elsa et Elsie une forme d'Élisabeth, prénom hébraïque qui signifie « Dieu est plénitude ». Ce prénom est très apprécié en Scandinavie.

Fête le 10 novembre. Sainte Élisabeth est la cousine de Marie et la mère de saint Jean-Baptiste.

ERMENHILD ET ERMENGARDE

Ces deux prénoms nordiques font allusion au dieu Irmin. Elles sont respectivement « guerrière d'Irmin » et « protégée d'Irmin ».

FRIDA

Ce prénom qui fut fréquent en Allemagne et en Scandinavie jusqu'au milieu du XXe siècle est un diminutif de Frideborg « protectrice » et de Fridehilde « guerrière protectrice ».

GISLINDE

Ce prénom d'origine germanique signifie « douce otage ». Il est la forme nordique de notre Guislaine française.

Fête le 10 octobre. Saint Guislain fonda un monastère en Belgique au VIIe siècle.

GRIMHILD

Dérivée de Grimm comme Grimoald, Grimhild signifie « combattante casquée ».

GUDRUN

Selon son étymologie germanique, elle est dans « le secret des dieux ».

GUNILLA

Gunilda est une « guerrière ». Gunilla en est une variante.

HEIDI

Elle est la forme germanique et scandinave d'Adelheid, c'est-à-dire Adélaïde.

Fête le 16 décembre. Sainte Adélaïde fut la veuve de Lothaire II roi d'Italie, d'Othon le Grand empereur d'Allemagne.

Rendez-vous page 206.

HELGA

Ce prénom qui fut courant au milieu du XXe siècle en Scandinavie et en Allemagne signifie « consacrée aux dieux ». Dans les pays slaves, elle devient Olga.

HELLE

Courante au Danemark, Helle signifie « sainte ».

HILDA et HILDEBORG

Elles sont, selon leur origine scandinave, des « guerrières ». Préfixe ou suffixe, « hild » est très fréquent dans un grand nombre de prénoms germano-scandinaves, comme par exemple Bathilde, Mechthilde…

Fête le 15 juin. Sainte Hilda fut abbesse en Angleterre au VIIe siècle.

IDA

Ce prénom d'origine germanique qui signifie « travailleuse » est un des favoris en Norvège. Il avait fait une apparition en France dans les années 1930 pour disparaître ensuite complètement.

Fête le 13 avril. Sainte Ida, dame de la cour de Charlemagne, se retira dans un monastère à son veuvage.

INGA, INGE, INGER et INGEBORG

Norvégiennes, elles sont les « protégées du dieu Ing ». Inga, Inge et Inger sont les diminutifs de Ingeborg, prénom médiéval qui s'orthographiait aussi Ingeburge. Inger est très en vogue aujourd'hui. Ingeborg, fille du roi du Danemark au début du XIIIe siècle, devint reine de France en épousant Philippe Auguste.

INGEMAR

Ce prénom norvégien signifie « renommée du dieu Ing ».

Ingrid

Dans la mythologie scandinave, Ingrid est la « cavalière du dieu Ing », une Walkyrie qui accompagne les âmes des guerriers morts au combat au paradis.

Irmine et Irma

Elles sont « dédiées au dieu Irmin » alors que leur variante Irmhild signifie « combat d'Irmin ».

Karen

Ce prénom a franchi depuis longtemps les frontières de la Scandinavie et il est usuel en Europe aujourd'hui. Il est une forme nordique de Carine, prénom dérivé de Catherine qui signifie « pure ». On rencontre plus fréquemment Kari aujourd'hui.

Fête le 7 novembre. Sainte Carine subit le martyre en Asie Mineure au IVe siècle avec son mari et son fils.

Kerstin et Kirsten

Elles sont les formes scandinaves de Christine, prénom usuel après l'évangélisation de la Scandinavie. Ce prénom est illustré par Christine de Suède, qui régna sur le pays au début du XVIIe siècle. Femme libre et cultivée, elle scandalisa, abdiqua et se convertit au catholicisme.

Fête le 24 juillet. Sainte Christine, fille d'un gouverneur sicilien au IIIe siècle, meurt en martyre.

Kilikki

Ce prénom finlandais signifie « forte ».

Mathilde

D'origine germanique, ce prénom a émergé en Europe au Moyen Âge. Il s'impose aussi dans les pays scandinaves où il reste un des préférés. Ses formes diminutives Mette au Danemark, Tilda et Tilde en Suède, sont très en vogue.

Ottilia

Elle est la forme nordique d'Odile, prénom germanique qui signifie « richesse ».

Fête le 20 avril. Sainte Odile, jeune Alsacienne née aveugle, recouvra la vue le jour de son baptême, au VIIe siècle.

Ragnhild

En Scandinavie, elle est « guerrière des dieux ». Renilda est une forme plus moderne de ce prénom.

Sighild

« Guerrière victorieuse », elle est norvégienne.

Sigrid

Elle est « celle qui chevauche la victoire », Walkyrie scandinave accueillant les âmes des guerriers héroïques dans le Walhalla.

Fête le 15 septembre.

Solveig

Elle est une des favorites au hit-parade des prénoms nés hors de nos frontières. Scandinave, elle signifie « chemin du soleil ».

Fête le 3 septembre.

Sunniva

En Norvège, elle est « don du soleil », et elle est très en vogue depuis 1990.

Swanhilde

Ce prénom est la forme contractée de Swanahild. « Guerrière au cygne » dans la mythologie scandinave, elle est l'une des Walkyries. La femme de Charles Martel, maire du palais d'Austrasie et de Neustrie au VIIIe siècle, l'a illustré.

Ulla

Suédois, ce prénom est le diminutif de Ulrika, qui signifie « louve reine ».

Fête le 10 juillet.

Vigdis

Ce prénom norvégien signifie « déesse combattante ».

Walburge

Ce prénom est une forme du scandinave Valborg, qui signifie « protectrice étrangère ».

Fête le 1er mai. Sainte Walburge, ou Walpurgis, bénédictine anglaise au VIIIe siècle, fut abbesse d'un monastère en Allemagne. La légende conte que la nuit précédant sa fête, sorciers et sorcières se réunissaient pour un sabbat.

Wilma

Elle est le diminutif de Wilhelmina, forme scandinave de Guillemette. Favorite en Suède, elle se décline aussi en Elma ou Vima.

Fête le 10 janvier. Saint Guillaume, archevêque de Bourges au XIIIe siècle, est son patron.

Prénoms russes et slaves

Les prénoms russes ont, dans leur grande majorité, une origine grecque, et nous avons l'habitude de les rencontrer sous leur forme francisée. C'est le cas, par exemple, d'Alexandre, Nicolas, Nathalie ou Sophie. Mais nous ne les connaissons pas toujours sous leur orthographe russe ni sous leur diminutif, souvent plus usité encore que le prénom lui-même en Russie. Dépaysez-vous avec ces prénoms et leurs diminutifs qui ne manquent pas d'évoquer le charme slave.

Garçons

Alexandre

Ce prénom d'origine grecque signifie « l'homme qui repousse l'ennemi ». Plusieurs tsars de Russie l'ont illustré. Il est en vogue depuis les années 1990, et son diminutif Sacha, orthographié aussi Sasha, prend aujourd'hui le relais. Aleksandr est son orthographe russe.

Fête le 3 mai. Saint Alexandre, pape au IIe siècle, mourut en martyr.

Alexis

Ce prénom classique en Russie a connu le succès dans les années 1990 en France. Comme Alexandre, il signifie « celui qui repousse l'ennemi ». Alekseï est son orthographe russe. En Pologne, il s'écrit Aleksy. Son diminutif Aliocha est très courant en Russie, Alex est devenu un prénom à part entière en Europe.

Fête le 17 février. Saint Alexis Falconieri est le fondateur de l'ordre des servites de Marie, au XIIIe siècle en Italie.

Anatole

Anatolii est issu du grec et signifie « aurore ». Ses diminutifs Astola, Tola et Tolia sont couramment usités en Russie.

Fête le 3 juillet. Saint Anatole, évêque de Césarée au IIIe siècle, fut un scientifique et un théologien hors pair.

Anikeï

Il est la forme russe d'Anicet, qui signifie en grec « invincible ».

Fête le 17 avril. Saint Anicet fut pape au IIe siècle.

Anton

Comme Nicolas, Antoine est un grand classique presque universel. Anton est sa forme slave.

Fête le 17 janvier et le 13 juin.

Rendez-vous page 177.

Bogdan

En slavon, ce prénom signifie « don de Dieu ». Il devient Bohdan en Tchécoslovaquie. On peut les comparer au prénom d'origine latine Dieudonné.

Fête le 4 mars.

Boris

Ce prénom typiquement slave signifie « combattant ». Il nomma deux tsars de Bulgarie, au Xe et au XXe siècle. Borislav en est une variante, Boria son diminutif.

Fête le 24 juillet. Saint Boris, fils du grand prince Vladimir de Kiev au XIe siècle, parcourt son pays pour évangéliser la population. Il est assassiné par son frère qui lui dispute la succession de leur père.

Carol

Ce prénom polonais est une forme du germanique Carl, qui signifie « viril » et dont la forme française est Charles.

Fête le 4 novembre. Saint Charles Borromée, archevêque de Milan au XVIe siècle, est son patron.

Casimir

Polonais lui aussi, ce prénom signifie en slavon « paix et assemblée ». Il s'écrit Kasmir.

Fête le 4 mars. Saint Casimir refusa le trône de Hongrie, au XVe siècle, pour entrer dans un monastère.

Constantin

Ce prénom grec nomma douze empereurs d'Orient, dès le IIIe siècle, et deux rois de Grèce. Il signifie « constance ». En Russie, Kostia, son diminutif, est très usité. En Pologne, il s'écrit Konstanty.

Fête le 21 mai. Saint Constantin le Grand, empereur de Rome au IVe siècle, se fit baptiser quelques mois avant sa mort.

Cyril

Ce prénom d'origine grecque qui a connu le succès dans les années 1970 signifie « maître ». Il est courant depuis le haut Moyen Âge en Russie, où il s'écrit et se prononce Kyril.

Fête le 12 février. Saint Cyril transcrivit les Saintes Écritures en slavon, au IXe siècle, et créa l'alphabet cyrillique encore en usage aujourd'hui.

Dimitri

Démétrius est un prénom latin qui fait référence à la déesse Déméter, protectrice de la terre et des moissons. Dimitri en est la forme slave.

Fête le 26 octobre. Saint Dimitri, prêtre yougoslave, fut évêque de Gap au Ve siècle.

Evgueni

Il est la traduction d'Eugène, prénom d'origine grecque qui signifie « bien né ». Ses diminutifs sont nombreux: Finocha, Guéna, Guénia, Guennadi.

Fête le 13 juillet. Saint Eugène fut évêque de Carthage au IIIe siècle.

Fédor

Il est la forme russe de Théodore, prénom grec qui signifie « don de Dieu ». Féodor, Féodossi et Fiodor sont des formes tout aussi courantes en Russie. Leur diminutif est Fédia.

Fête le 11 novembre. Saint Théodore fut abbé d'un monastère en Asie Mineure au IXe siècle.

Fonia

Il est le diminutif russe d'un prénom d'origine grecque très rare mais néanmoins connu grâce au professeur Tournesol de la BD *Les aventures de Tintin*: Tryphon. Ce prénom signifie « le magnifique ».

Fête le 19 avril. Saint Tryphon fut patriarche de Constantinople au Xe siècle.

Gavriil

Il est la forme russe de Gabriel, prénom hébraïque qui signifie « messager de Dieu ».

Fête le 29 septembre. Saint Gabriel fut abbé d'un monastère à Jérusalem au Ve siècle.

Gregor et Grigori

D'origine grecque, Grégoire signifie « celui qui veille ». Gregor et Grigori en sont les formes russes, Gricha et Grischka les diminutifs.

Fête le 3 septembre. Saint Grégoire fut pape et docteur de l'Église au VIIe siècle.

Iaroslav

Ce prénom signifie en slavon « rayonnant de gloire ».

Ielisseï

Il est la forme russe d'Élisée, prénom hébraïque qui signifie « Dieu est le sauveur ». Ses diminutifs sont Lessik et Seïa.

Fête le 14 juin. Élisée fut un disciple d'Élie au royaume d'Israël au IXe siècle avant J.-C.

Igor

Typiquement slave, ce prénom signifie « gardien de la jeunesse ». Il a pour diminutif Gora.

Fête le 5 juin. Saint Igor, grand-duc de Russie au XIIe siècle et fondateur de monastère, fut assassiné par des païens.

Ilia

C'est ainsi que se traduit Élie en russe. Il s'écrit aussi Ilya. Ilioucha est son diminutif.

Fête le 20 juillet. Élie fut prophète au royaume d'Israël au IXe siècle avant J.-C.

IOURI, YOURI et GUEORGHI

Ce sont les formes russes de Georges, prénom grec qui signifie « celui qui travaille la terre ». Elles ont plusieurs diminutifs : Iegor, Guecha, Guéra, Gora et Iora.

Fête le 23 avril. Saint Georges, chevalier romain au IVe siècle, fut décapité. La légende raconte qu'il maîtrisa un dragon qui terrorisait la population dans une ville de Libye.

ISTVAN et STEPAN

Le premier est la forme hongroise de Stéphane, le second la traduction russe, avec deux diminutifs : Stenia et Stiva ; ce prénom d'origine grecque signifie « couronné ».

Fête le 14 novembre. Saint Stéphane fut moine franciscain au XIVe siècle à Jérusalem.

IVAN

Variante de Jean qui signifie « Dieu a fait grâce », ce prénom très courant dans les pays slaves est depuis longtemps apparu en Europe, mais il est peu fréquent aujourd'hui.

Six tsars de Russie dont Ivan le Terrible portèrent ce prénom.

Fête le 24 juin. L'apôtre saint Jean est son patron.

KOSMA

Il est la version slave de Côme, prénom d'origine grecque qui signifie « ordre ». En Ukraine, il devient Kouzma.

Fête le 25 septembre. Saint Côme, médecin en Arabie au IIIe siècle, est victime des persécutions contre les chrétiens.

MAREK

Ce prénom tchèque est l'équivalent de Martin. Comme lui, il signifie « guerrier ».

MIKHAÏL

Cette forme russe de Michel est très répandue en Russie, tout comme son diminutif Mischa.

En Pologne, il se prononce Michal. Michel, d'origine hébraïque, signifie « comme Dieu ».

Fête le 29 septembre. Pour les chrétiens, saint Michel archange accueille les âmes des défunts.

MILAN et MILOS

Ces deux prénoms tchèques sont des variantes de Miloslav, qui signifie « brillante victoire ». On rencontre aussi Milovan.

NICOLAS

Il est probablement un des prénoms les plus répandus actuellement, tant en Europe qu'en Russie. Nicolas, d'origine grecque, signifie « victoire du peuple ». En Russie, il s'écrit Nicolaï et prénomma plusieurs tsars à travers les siècles. Nikita, qui a la même étymologie, et Kolia, son diminutif, sont courants. On rencontre aussi Kolian et Kolenka. En Pologne, il devient Mikolaj. Colin est une forme moderne de Nicolas qui est en vogue actuellement.

Fête le 6 décembre. Saint Nicolas, évêque de Myra en Anatolie au IIIe siècle, lutta contre le paganisme.

OLEG

En slavon, ce prénom signifie « saint ».

OSSIA

Comme Oska, il est un diminutif de Joseph, prénom hébraïque qui signifie « Dieu ajoute ».

Fête le 19 mars. Saint Joseph est l'époux de Marie et le père nourricier de Jésus.

POLIA

Il est le diminutif d'Apollinaris, forme grecque d'Apollinaire, qui signifie « relatif à Apollon ».

Fête le 23 juillet. Saint Apollinaire fut un compagnon de saint Pierre martyr au Ier siècle.

SENIA

Il est souvent attribué pour Arsenii, forme russe d'Arsène, prénom grec qui signifie « viril ».

Fête le 19 juillet. Saint Arsène fut le précepteur des enfants de l'empereur d'Orient au IVe siècle.

SERGUEÏ

Serge, prénom d'origine latine, est très apprécié en Russie où il s'orthographie Sergueï. Goulia, son diminutif, est courant.

Fête le 25 septembre. Saint Serge fonda le monastère de la Trinité en Russie au XIVe siècle.

STANISLAS

Ce prénom polonais signifie « victoire debout » et a un diminutif, Stassik. Il fut porté par deux rois de Pologne.

Fête le 7 mai. Saint Stanislas, évêque de Cracovie au XIe siècle, fut assassiné par le roi qu'il avait excommunié. Il est le patron de la Pologne.

VADIM

Slave, ce prénom signifie « celui qui attire ». Il a deux diminutifs : Vadia et Dima.

VANIA

Ce prénom est le diminutif d'Ivan, forme russe de Jean, prénom hébraïque qui signifie « Dieu a fait grâce ».

Fête le 24 juin. Saint Jean, disciple du Christ, est son patron.

VASSILI

Il est la forme russe de Basile, prénom d'origine grecque qui signifie « roi ». En Pologne, il est Basyli. Son diminutif est Vassia.

Fête le 2 janvier. Saint Basile, évêque en Asie Mineure, fut docteur de l'Église.

VENCESLAS

Polonais, ce prénom signifie « couronné de gloire ». Il s'écrit aussi Wenceslas.

Fête le 28 septembre. Saint Wenceslas, duc de Bohême au Xe siècle, fut assassiné par son frère qu'il tentait de convertir.

VLADIMIR

« Celui qui fait régner la paix » est un prénom ukrainien courant depuis le Moyen Âge ; il fut porté par plusieurs grands princes de Kiev au XIe et au XIIe siècle. Volia, Vladia et surtout Volodia sont ses diminutifs.

Fête le 15 juillet. Saint Vladimir le Grand, grand prince de Kiev au Xe siècle, imposa le christianisme dans son pays.

VLADISLAS

Il est « celui qui fait régner la gloire » en slavon. Ladislas en est une variante. Laszlo est sa forme hongroise.

Fête le 27 juin. Saint Ladislas, roi de Hongrie au XIe siècle, organisa la première croisade au XIe siècle.

VOLDEMAR

Waldemar est un prénom d'origine germanique qui signifie « illustre gouverneur ». Voldemar en est la forme slave.

WACLAW

Tchèque, il s'orthographie aussi Vaclav et signifie « puissant ».

FILLES

AKOULINA

Ce prénom signifie « aigle » en latin, comme cet ancien prénom, Aquilina, qui n'est plus en usage. Ses diminutifs sont Kilia et Koulia.

Fête le 13 juin. Sainte Aquilina fut martyre en Asie Mineure au IIIe siècle.

ALEXANDRA

Prénom de tsarine, Alexandra a connu un grand succès dans les années 1980. C'est plutôt Sacha, son diminutif, orthographié aussi Sasha, qui est en vogue aujourd'hui. Ses autres diminutifs Assia, Lessia, Sania, Sachoura et Olessia sont plus rares.

Fête le 20 mars. Sainte Alexandra fut une vierge martyre en Asie Mineure au IVe siècle.

ALEXIA

Elle est la forme féminine d'Alexis, prénom dérivé d'Alexandre, d'origine grecque, qui signifie « celui qui repousse l'ennemi ».

Fête le 17 février. Saint Alexis Falconieri, fondateur de l'ordre des servites de Marie au XIIIe siècle en Italie, est son patron.

ALIONA

Ce prénom est la forme roumaine d'Hélène, prénom grec qui signifie « éclat du soleil ».

Fête le 18 août. Sainte Hélène fut la mère très pieuse de l'empereur romain d'Occident Constantin au IVe siècle.

Anastasia

Si Anastase est peu courant, Anastasia était usité en Russie dans les siècles derniers. Anastasie, d'origine grecque, signifie « résurrection ». Assia, Nastia, Stassia, Tassia sont ses diminutifs.

Fête le 14 août. Sainte Anastasie fut condamnée au bûcher pour avoir prêché à Rome au IIIe siècle.

Anna

Elle est, en russe comme dans beaucoup d'autres langues, la traduction d'Anne, prénom biblique qui signifie « grâce ». Anouchka, Anuta, Neta, Nina, Ninoschka et Nussia sont ses diminutifs.

Fête le 26 juillet. Sainte Anne fut la mère de Marie, la grand-mère de Jésus.

Antonia

Elle est la forme russe d'Antoinette ou d'Antonine. Tonia et Tossia sont ses diminutifs.

Fête le 27 octobre. Sainte Antoinette fut dominicaine en Italie au XVe siècle.

Bela

En russe, Bela signifie « blanche ». Elle a une variante, Beliana, et un diminutif, Lana.

Bogdana

Prénom slave, Bogdana, ou Bohdana en tchèque, signifie « don de Dieu », comme Dorothée dans l'étymologie grecque.

Domna

Elle est la forme russe de Dominique, prénom d'origine latine qui signifie « maîtresse ».

Donia est son diminutif.

EKATERINA

Elle est la forme russe de Catherine, prénom d'origine grecque qui signifie « pure ». Katia et Katinka sont ses diminutifs. Catherine II la Grande, impératrice de Russie, despote éclairée et femme de lettres, fut une personnalité marquante de l'histoire de son pays.

Fête le 25 novembre. Sainte Catherine de Sienne, religieuse au XIVe siècle en Italie, fut conseillère des papes et proclamée docteur de l'Église.

ELIZAVETA

En Russie, ce prénom est la traduction d'Élisabeth, qui devient Alzbeta en Tchécoslovaquie, Elzbieta en Pologne. D'origine hébraïque, Élisabeth signifie « Dieu est plénitude ».

Fête le 17 novembre. Sainte Élisabeth fut la cousine de Marie, la mère de saint Jean-Baptiste.

EUDOXIA

Grec d'origine, ce prénom rare en Europe a été usité en Russie dès le XVIIe siècle. Il signifie « bonne doctrine ».

Fête le 1er mars. Sainte Eudoxie subit le martyre à Balbek au IIe siècle.

FEDORA

Elle est la forme russe de Theodora et de Dorofeïa, prénoms d'étymologie grecque qui signifient « don de Dieu ». On rencontre aussi Feodora ou Fiodora. Feodossia a la même signification. Leur diminutif est Fenia.

Fête le 28 avril. Sainte Theodora, convertie en Égypte au IVe siècle, fut enfermée dans un lupanar, elle s'en échappa, fut reprise et condamnée au supplice.

Galina

En grec, ce prénom signifie « calme ». Il n'a pas d'équivalent en français. Son diminutif est Galia.

Fête le 23 mars.

Ielena

Elle est la traduction russe d'Hélène, prénom universel, d'origine grecque, qui signifie « éclat du soleil ». Elle a pour diminutifs Guelia et Lena, et ses variantes dans les pays slaves sont nombreuses.

Fête le 18 août. Sainte Hélène, mère de l'empereur romain d'Occident Constantin au IVe siècle, créa des monastères et favorisa l'expansion du christianisme.

Ieudokia

Ce prénom grec qui signifie « couverte de gloire » a pour diminutifs Dounia et Doussia.

Ileana, Iliona, Ilona et Olessia

Ces prénoms sont des formes slaves d'Hélène : Ileana est roumaine, Iliona et Ilona sont hongroises, Olessia est tchèque.

Fête le 18 août.

Ilia

Elle est l'équivalent russe d'Éliane, forme féminine du prénom hébraïque Élie.

Fête le 20 juillet.

Rendez-vous page 157.

Inessa

Ce prénom est la forme russe d'Agnès. Agneska est tchèque, Agnieszka est polonaise.

Fête le 21 janvier. Sainte Agnès fut condamnée au bûcher, au IVe siècle, à Rome.

IRINA

Ce prénom très courant dans tous les pays slaves est la traduction d'Irène, prénom grec qui signifie « paix ». En Pologne, il devient Oryna.

Fête le 5 avril. Sainte Irène fut martyre au IIIe siècle en Macédoine.

IVANA

Ce prénom est la traduction slave de Jeanne.

Fête le 30 mai. Sainte Jeanne d'Arc est sa patronne.

KIKA

En russe, elle est le diminutif de Zinaïda, forme slave de Zénaïde, prénom grec qui signifie « cadeau de Zeus ».

Fête le 11 octobre. Sainte Zénaïde fut convertie par saint Paul en Asie Mineure au Ier siècle.

KIRA

En slave, ce prénom signifie « consacrée aux dieux ».

Fête le 13 mars.

LARA

Ce prénom grec qui signifie « mouette » est un favori des familles slaves, tout comme son diminutif Larissa.

Fête le 8 avril.

LIOUBA

En russe, elle signifie « amour » et s'orthographie aussi Liubba, ou Luba en Ukraine.

Fête le 18 septembre. Sainte Liouba fut la fille de sainte Sophie, la sœur de Nadège et Véra. Toutes quatre furent martyres en Asie Mineure au IIe siècle.

Ludmilla

En slavon, ce prénom signifie « aimée du peuple ».

Fête le 16 septembre. Sainte Ludmilla de Prague fut étranglée par sa belle-fille, au Xe siècle.

Macha

Elle est une forme russe de Marie, comme Maroussia, Marika, Maritsa et Moussia.

Fête le 15 août. Sainte Marie est sa patronne.

Nadège

En russe, ce prénom s'écrit Nadejda et a pour diminutif Nadia. Il signifie en slave « espérance ».

Fête le 18 septembre. Sainte Nadejda périt en martyre avec ses sœurs Liouba et Véra et sa mère Sophie en Asie Mineure au IIe siècle.

Nathalie

Ce prénom qui connut un extraordinaire succès dans les années 1960 en France est d'origine latine et signifie « relatif à la naissance ». Tout aussi populaire dans les pays slaves, il a pour diminutifs Natascha, Natoulia, Natachenka.

Fête le 27 juillet. Sainte Nathalie fut victime de persécutions pour avoir caché un moine chez elle, à Cordoue, au IXe siècle.

Olga

« Sainte », Olga est une forme dérivée d'Helga, prénom d'origine scandinave. Elle est courante en Russie et dans les pays slaves. En Tchécoslovaquie, elle devient Olenka.

Fête le 11 juillet. Sainte Olga, grande-duchesse de Kiev au Xe siècle, fut régente pendant la minorité de son fils et s'efforça de répandre le christianisme dans son pays.

Oustinia

Elle est la forme russe de Justine et a pour diminutif Oustia.

Fête le 15 octobre.

Poliana

Ce prénom slave très ancien a une origine païenne; il signifie « celle qui est née dans les champs ».

Pomia

Elle est le diminutif de Poulkéria, forme russe de Pulchérie, prénom latin qui signifie « belle ».

Fête le 10 septembre. Sainte Pulchérie, sœur de l'empereur Théodose au Ve siècle, régna sur l'Orient au décès de son frère, chassa les hérétiques et rétablit les évêques.

Raïssa

En grec, ce prénom signifie « légère ». Il devient Raya en Ukraine.

Fête le 5 septembre. Sainte Raïssa, égyptienne, fut décapitée au Ve siècle.

Serlana

Ce prénom est la forme féminine slave de Serge.

Fête le 25 septembre. Saint Serge, fondateur du monastère de la Trinité au XIVe siècle en Russie, est son patron.

Sophie

Ce prénom grec qui signifie « sagesse » est avec Catherine et Élisabeth un des grands classiques russes. Ce prénom s'écrit Sofia en russe, et Zofia en tchèque. Sonia est son diminutif.

Fête le 25 mai. Sainte Sophie, romaine au IIe siècle, fut martyrisée avec ses trois filles Véra, Nadège et Liouba.

SVETLANA

En slavon, ce prénom signifie « claire ».

Fête le 26 février.

TAMARA

Ce prénom hébraïque signifie « palmier ». Il fut courant en Géorgie dès le Moyen Âge.

Fête le 1er mai. Sainte Tamara fut reine de Géorgie au XIIIe siècle.

TATIANA

Issu du latin, ce prénom signifie « de la famille Tatius ». Peu courant en Europe, il est un des favoris en Russie.

Fête le 12 janvier. Sainte Tatiana fut une chrétienne martyre au IIIe siècle à Rome.

VANINA

Ce prénom est le féminin de Vania, diminutif d'Ivan.

Fête le 30 mai. Sainte Jeanne d'Arc est sa patronne.

VASSILISSA

Ce prénom est le féminin de Vassili, forme russe de Basile, prénom d'origine grecque qui signifie « roi ». Ses diminutifs sont Vassa et Vassia.

Fête le 15 avril. Sainte Vassilissa fut condamnée au supplice pour avoir enseveli les apôtres Pierre et Paul, à Rome, au Ier siècle.

VÉRA

En slavon, ce prénom signifie « foi ».

Fête le 18 septembre. Sainte Véra, fille de sainte Sophie, sœur de Liouba et de Nadège, subit le martyre avec elles en Asie Mineure au IIe siècle.

Xénia

Ce prénom d'origine grecque signifie « étrangère ». Il a une autre orthographe : Ksénia, et une variante ukrainienne : Oksana, qui s'écrit aussi Oxana.

Fête le 24 janvier. Sainte Xénia, veuve d'un libertin à Saint-Pétersbourg au XIXe siècle, se mortifia toute sa vie pour expier les fautes de son mari.

Zita

Ce prénom vient de zêta, la sixième lettre de l'alphabet grec.

Fête le 27 avril. Sainte Zita, employée de maison en Italie au XIIIe siècle, se montra d'une exceptionnelle piété.

Zlata

Ce prénom russe peut être rapproché d'Aurélie, puisque comme elle il signifie « en or ».

Zoïa

Il est la forme russe de Zoé, d'origine grecque, qui signifie « vie ».

Fête le 2 mai. Sainte Zita fut esclave chez un Romain en Asie Mineure au iie siècle ; découvrant qu'elle était chrétienne, il la fit brûler vive avec son mari et ses enfants.

Prénoms de l'Orient, des Îles et d'ailleurs

Venus d'Orient, du Japon, d'Hawaii, des Comores, de Madagascar ou portés chez les Indiens d'Amérique, ces prénoms ont des sonorités teintées de dépaysement. On les rencontre en Europe dans les familles coupées de leurs lointaines racines. Et pour célébrer l'Orient et ses légendes, nous avons aussi réuni ici les Rois mages.

Garçons

Akoni

Hawaiien, il est la traduction d'Antoine, prénom d'origine latine qui signifie « inestimable ».

Fête le 17 janvier ou le 13 juin. Saint Antoine de Padoue ou saint Antoine le Grand sont ses patrons.

Anari

Ce prénom est, à Hawaii, la traduction d'Henri, prénom d'origine germanique qui signifie « maison du roi ».

Fête le 13 juillet. Saint Henri, roi de Germanie au Xe siècle, soutint et favorisa l'action de l'Église.

Balthasar

D'origine akkadienne, c'est-à-dire issu de la langue sémitique de la Mésopotamie ancienne, ce prénom signifie « celui qui protège le roi ». Balthasar est l'un des trois Rois mages qui, selon la tradition, sont venus adorer l'Enfant Jésus dans la crèche. C'est lui qui lui offre la myrrhe, résine odorante d'un arbre d'Arabie.

Fête le 6 janvier.

Barnabé

Dans la langue qui fut parlée pendant l'Antiquité dans tout le Moyen-Orient, l'araméen, ce prénom signifie « Fils de Nabû ». Longtemps discret pour ne pas dire absent, il est plus courant depuis les années 1990.

Fête le 11 juin. Saint Barnabé, chypriote, devint apôtre de Jésus.

Chadi

Aux Comores, ce prénom signifie « celui qui chante bien ».

Gaspard

Le sanscrit était la langue sacrée et littéraire de l'Inde ancienne. Ce prénom en est issu. Il signifie « celui qui vient voir ». Selon la tradition, Gaspard, en effet, vint voir l'Enfant Jésus dans sa crèche, avec les deux autres Rois mages, Balthasar et Melchior. Il Lui apporte l'encens. Gaspard est un prénom vedette aujourd'hui en France.

Fête le 6 janvier.

Hideaki

En japonais, ce prénom signifie « sagesse ».

Hoanui

En Polynésie, il signifie « grand ami ».

Kenzo

Ce prénom bien connu en Europe grâce au couturier signifie en japonais « troisième garçon ».

Lova

À Madagascar, ce prénom est mixte et signifie « héritage ».

Makya

Ce prénom amérindien qui signifie « chasseur d'aigles » est usité dans la tribu des Hopi.

Mansour

Sultan d'Istanbul au XIVe siècle, il fonda la dynastie ottomane. Mansour, d'origine arabe, signifie « désiré ».

Manu

Ce prénom signifie « oiseau » en Polynésie. Il a plusieurs variantes: Manuari « oiseau royal » et Manutea « oiseau blanc ».

Melchior

D'origine hébraïque, ce prénom signifie « Dieu protège le roi ». Melchior est le Roi mage qui apporte l'or à l'Enfant Jésus dans la crèche.

Fête le 6 janvier.

Moana

Polynésien, il signifie « océan profond ».

Nayel

Dans les Comores, ce prénom signifie « méritant ».

Raïni

Dans la tribu des Guarani, chez les Indiens d'Amérique, ce prénom fait allusion à une divinité qui créa le monde.

SOLIMAN

Soliman le Magnifique fut le plus célèbre sultan d'Istanbul, au XVIe siècle. Son prénom, qui est une forme arabe du prénom hébraïque Salomon, est ainsi passé dans l'histoire. Salomon signifie « paix ».

TAHITOA

Il est, en Polynésie, le « premier guerrier ».

THADDÉE

En araméen, langue parlée pendant l'Antiquité dans tout le Moyen-Orient, ce prénom signifie « allaité ». Bien que rare, il a été traduit dans plusieurs langues : Thaddeus en allemand, Tadeo en italien et en espagnol, Tadzio en russe.

Fête le 28 octobre. Saint Thaddée fut apôtre de Jésus.

VAÏNUI

En Polynésie, ce prénom signifie « grande eau ».

FILLES

AÏKO

En japonais, le suffixe KO que l'on retrouve très souvent dans les prénoms signifie « enfant ». On peut traduire Aïko par « enfant chérie ».

AÏSHA

Elle signifie en arabe « vivante », s'identifiant ainsi au prénom hébraïque Ève, qui a la même signification.

APONI

Chez les Indiens du nord des États-Unis, ce prénom signifie « papillon ».

Arsinoé

Ce prénom prénomma quatre princesses égyptiennes de la dynastie des Lagides qui a régné du IIIe au Ier siècle avant J.-C.

Assya

D'origine arabe, ce prénom signifie « l'Orientale ». Il a été porté par l'épouse de Pharaon, dont la renommée de femme exemplaire lui a valu d'être vénérée dans le monde islamique.

Azami

Le suffixe MI en japonais évoque la beauté. Ainsi Azami signifie « belle fleur ».

Bérénice

D'origine grecque, Bérénice est « porteuse de victoires ». Ce prénom fut celui de plusieurs reines d'Égypte.

Fête le 4 octobre. Sainte Bérénice, chrétienne d'Antioche au IIIe siècle, est persécutée par les soldats de Dioclétien.

Ehawee

De nombreux prénoms amérindiens font allusion à des traits de caractère ; c'est le cas de celui-ci. Chez les Sioux d'Amérique, elle est la « jeune fille riante ».

Gulizar

D'origine persane, elle signifie « rose d'or ».

Hanaé

Japonais, ce prénom signifie « jolie fleur ». Il a une variante, Hanako. Il est connu en Europe grâce à Hanaé Mori.

Hasna

Ce prénom courant aux Comores signifie « très belle ».

Kazu

Elle est, en japonais, la « première-née ». Ce prénom a une variante : Kazuko.

Kenza

Prénom arabe, Kenza signifie « trésor ». Il est très apprécié depuis 2000.

Kirima

Ce prénom est esquimau et signifie « colline ».

Maeva

Polynésienne, elle signifie « bienvenue ».

Oranda

Ce prénom iroquois signifie « pouvoir magique ».

Roxane

Persane, Roxane signifie « brillante comme l'aurore ». Capturée au IVe siècle avant J.-C. par les troupes d'Alexandre le Grand, elle séduit son ravisseur par sa grande beauté ; il l'épouse, elle lui donne un fils qui deviendra roi de Macédoine à son tour, mais tous deux seront assassinés.

Sachi

Elle est, au Japon, « l'enfant de la joie ». Sa forme Sachiko est aussi répandue.

Sakura

Au Japon, les fleurs sont primordiales, et de nombreux prénoms féminins y font référence. Sakura signifie « fleur de cerisier ».

Salimah

D'origine arabe, ce prénom signifie « en pleine santé ».

Sémiramis

Reine légendaire d'Assyrie, on lui a attribué la fondation de Babylone et de ses jardins suspendus.

Shéhérazade

Ce prénom persan est issu des *Contes des Mille et Une Nuits*. Il évoque, pour le monde occidental, le charme de la femme orientale.

Tallulah

Indien, ce prénom était fréquent dans la tribu des Choctaw. Comme Winona, il fut récemment lancé par une actrice aux États-Unis.

Tiaré

Ce prénom polynésien évoque la fleur de tiaré, très odorante, utilisée pour fabriquer le monoï.

Winona

Ce prénom indien, porté dans les tribus sioux, signifie « fille aînée ». Il est devenu populaire dans les années 1990 aux États-Unis. On l'orthographie aussi Wenona.

Yasmina

D'origine persane, ce prénom fait référence au jasmin. Yasmina est un prénom courant dans les familles arabes ; Jasmine, sa traduction française, est rare.

PRÉNOMS DE LA MYTHOLOGIE

Ils ont traversé les siècles, contés par Ovide et Homère qui nous ont appris à les connaître. Dieux et déesses, grâces, muses, nymphes vivaient dans l'Olympe une vie pleine d'aventures, de rebondissements, de poésie mais aussi de violence et de combats. Les noms de certains de ces personnages fabuleux sont passés à la postérité et nous les rencontrons aujourd'hui à l'état civil.

GARÇONS

ACHILLE

Dans la mythologie grecque, Akileos est le fils de la nymphe Thétis et de Pélée, roi des Myrmidons. Pendant la guerre de Troie, il tua Hector qui avait tué son ami Patrocle. Pâris lui décocha une flèche qui l'atteignit au talon, seul endroit de sa personne qui ne fût pas invincible. En effet, sa mère, à sa naissance, l'avait plongé dans le fleuve Styx, réputé pour rendre invincible ceux qui y était immergés. Mais Thétis l'avait tenu par le talon…

Achille est l'un des héros de l'œuvre d'Homère, l'*Iliade*.

Fête le 15 mai. Saint Achille fut évêque de Larissa en Grèce au IVe siècle.

Adonis

Ce dieu phénicien était très beau, si beau qu'Aphrodite et Perséphone s'éprirent de lui. Alors qu'il chassait, il fut blessé à mort par un sanglier. Il expira dans les bras d'Aphrodite qui le changea en anémone pourprée. Chaque année au printemps, Adonis refleurissait.

Agénor

Il est le fils de Poséidon, dieu de la mer, et roi de Phénicie. Ce prénom signifie « vaillant » en grec.

Anselme

Comme Ansfrid, Anségide, Anschaire et Anstrud, ce prénom est composé à partir du nom d'Ans, divinité teutonne. Païen à l'origine, ce prénom a été porté par un théologien qui devint docteur de l'Église au XIe siècle.

Fête le 21 avril.

Apollinaire

Apollon était le dieu de la beauté, de la lumière, des arts et de la divination. Il avait un sanctuaire à Delphes, en Grèce. Un mathématicien, un philosophe, un poète portèrent le prénom d'Apollonios, en Grèce, au IIe et au Ier siècle avant J.-C. Apollinaris fut l'un des prénoms du poète Guillaume Apollinaire.

Fête le 23 juillet. Saint Apollinaire fut un compagnon de saint Pierre.

Damien

Damia était la déesse de la fertilité. Elle inspira le patronyme de Damiasus, qui devint prénom.

Fête le 25 septembre. Saint Damien fut le frère jumeau de saint Côme, médecin comme lui en Arabie au IIIe siècle. Il prêchait tout en soignant les malades et les convertissait. Il fut décapité avec son frère.

DAPHNIS

Ce berger sicilien était d'une telle beauté que les muses et les nymphes étaient folles de lui. Mais en dépit de ce succès, il resta fidèle à la jeune fille qu'il aimait.

DENIS

Dionysos était le fils de Zeus (appelé aussi Jupiter) et de Sémélé, une mortelle. La légende raconte que Sémélé expirant alors qu'elle attendait un enfant de Zeus, celui-ci le prit et le cacha dans sa cuisse jusqu'au terme ; Dionysos naquit donc, selon l'expression consacrée, « de la cuisse de Jupiter ». Il devint le dieu de la vigne et du vin, le dieu aussi de l'extase… nom pudique de l'ivrognerie ! On le nommait aussi Bakkhos, qui devint Bacchus pour les Romains. Les Bacchanales célébraient la fête du vin dans la Rome antique.

Fête le 9 octobre. Saint Denis fut le premier évêque de Paris, au IIIe siècle. Il fut décapité sur une colline, qui se nomme aujourd'hui Montmartre. La légende raconte qu'il prit sa tête entre ses mains et la déposa là où il voulait être inhumé, à l'emplacement actuel de la basilique Saint-Denis.

ÉNÉE

Il est un héros de l'*Énéide* de Virgile, poème épique écrit au Ier siècle avant J.-C., qui raconte l'établissement des Troyens en Italie et annonce la fondation de Rome.

HECTOR

Fils aîné de Priam, roi de Troie, époux d'Andromaque, Hector est l'un des plus ardents défenseurs de la ville de Troie, dans l'*Iliade* d'Homère. Il est tué par Achille.

Ce prénom d'origine grecque, qui signifie « celui qui possède », connut le succès au XIXe siècle. La forme italienne Ettore est assez courante.

Hélios

Frère de Séléné, déesse de la lune, Hélios est le dieu du soleil, qui caracole dans l'univers sur un char de feu tiré par quatre chevaux.

Hercule

Dans la mythologie grecque, il est Héraclès, qui signifie « À la gloire d'Héra ». Ce prénom désigne un demi-dieu romain, qui dut, d'après la légende, accomplir douze travaux particulièrement périlleux.

Hippolyte

Il est le fils de Thésée et d'une amazone. La nouvelle femme de son père, Phèdre, s'éprend de lui et, affolée par ce sentiment, se donne la mort. Hippolyte, accusé par son père de l'avoir trahi, s'enfuit de la maison familiale et, tombant de son char, fut mortellement blessé. Ce prénom qui signifie en grec « qui délie les chevaux » a connu le succès au XIXe siècle.

Fête le 13 août. Saint Hippolyte fut prêtre à Rome au IIIe siècle.

Hyacinthe

Il jouait avec son ami Apollon qui le tua par mégarde. Le dieu transforma son corps en jacinthe qui refleurissait perpétuellement à l'endroit où il était tombé.

Fête le 17 août. Saint Hyacinthe fonda plusieurs couvents dominicains au XIIIe siècle en Pologne.

Isidore

Il est selon la mythologie grecque un « don d'Isis », déesse égyptienne, sœur et femme d'Osiris, mère d'Horus, qui représente dans la mythologie le type de l'épouse et de la mère idéale.

Fête le 4 avril. Saint Isidore, né à Séville au VIIe siècle, eut une adolescence difficile : menteur, insolent, fugueur, il est repris en main par sa famille et devient l'un des plus grands théologiens de l'Église.

JASON

Dans la mythologie grecque, Jason est un jeune homme escroqué par son oncle qui le spolie de ses biens et le met au défi, pour les récupérer, d'aller chercher la Toison d'or d'un mouton fabuleux dans un lointain royaume. Jason s'embarque sur un navire, l'*Argo*, avec quelques amis, Héraclès, Castor et Pollux. Jason vainc les Harpies qui défendent le mouton et s'empare de la Toison, aidé par Médée qui est amoureuse de lui. Il épouse sa belle, s'établit chez le roi de Créon et séduit la fille de son hôte. Médée, folle de jalousie, tue l'infidèle, sa conquête et le roi.

Fête le 12 juillet. Saint Jason, juif au IIIe siècle, accueille les disciples du Christ Paul et Silas ; il est inquiété puis libéré.

JOÉVIN

Jovis est un des surnoms de Jupiter, dieu des dieux, appelé Zeus dans la mythologie grecque. Ce prénom en est issu.

Fête le 2 mars. Saint Joévin fut évêque de la province de Léon au VIe siècle.

NARCISSE

Il était un jeune homme d'une beauté magnifique que toutes les jeunes filles convoitaient. Mais il ne s'intéressait à aucune d'elles. Un jour que Narcisse se penchait au dessus d'une fontaine pour se désaltérer, il aperçut son image dans l'eau et en tomba éperdument amoureux. Il passa sa vie à contempler son image et seule la mort le délivra. Narcisse était… narcissique.

NESTOR

Roi de légende, par la grâce d'Apollon, il vécut trois générations et participa à plusieurs épisodes de la mythologie grecque ; il fut pendant la guerre de Troie un sage conseiller, prônant la paix dans le camp des Grecs. On le retrouve dans l'*Odyssée* d'Homère où il aide Télémaque à retrouver son père, Ulysse.

Fête le 26 février. Saint Nestor fut évêque en Asie Mineure au IIIe siècle.

OCÉAN

Il est l'aîné des Titans et le père des Océanides, les nymphes de la mer et des eaux.

Fête le 2 novembre. Saint Océan fut martyr en Asie Mineure au IVe siècle.

OSCAR

Ce prénom est la forme moderne d'Anschaire, qui signifie « lande d'Ans », en hommage à la divinité teutonne Ans.

Il connut une vague de succès au XIXe siècle, disparut au XXe, et semble être en faveur depuis 2000.

PHILÉMON

Il est le héros d'une légende rapportée par Ovide, *Philémon et Baucis,* histoire de deux paysans phrygiens ; ils accueillent, malgré leur grand âge et leur pauvreté, deux voyageurs que personne n'a voulu héberger : ce sont Zeus et Hermès qui les épargneront lors du déluge qui engloutira leur village, et leur permettront de ne jamais être séparés, même dans la mort, puisqu'ils seront métamorphosés en deux arbres aux branches mêlées.

Ce prénom signifie « seul ami » en grec.

Fête le 22 novembre. Saint Philémon évêque de Colosses mourut en martyr au Ier siècle.

SATURNIN

Chassé du ciel par Jupiter, Saturne descendit sur terre pour enseigner aux hommes l'agriculture. Le prénom Saturnin est une variante du nom de ce dieu.

Fête le 29 novembre. Saint Saturnin fut le premier évêque de Toulouse au IIIe siècle.

SIEGFRIED

Il est un héros de la mythologie germanique et nordique ; dans la *Chanson des Niebelungen*, il terrasse un dragon et délivre Brunehild du sommeil. Cette légende inspira une œuvre à Wagner.

Ce prénom d'origine germanique signifie « victoire et paix ».

Fête le 22 août. Saint Siegfried fut prieur au VIIe siècle dans un monastère anglais.

ULYSSE

« Heureux qui comme Ulysse a fait un grand voyage… » ! Héros de l'*Iliade* et de l'*Odyssée*, d'Homère, Ulysse symbolise l'aventurier. Ce prénom a une cote discrète mais continue depuis une dizaine d'années.

ZÉPHYRIN

Dieu du vent d'ouest dans la mythologie grecque, Zéphyrin est le mari d'Iris, déesse de l'arc-en-ciel. On écrit aussi Zéphirin.

Fête le 26 août. Saint Zéphyrin fut pape au IIe siècle.

Filles

Aglaé

Elle est la première des trois Grâces de la mythologie grecque. Surnommée « la brillante », elle paraissait toujours avec ses sœurs Thalie et Euphrosyne, et ravissait ses admirateurs en dansant au son de la lyre.

Alceste

Fille du roi Péléas, dans la mythologie grecque, elle accepte de mourir à la place de son mari Admète, mais le dieu Héraclès l'arrache des Enfers.

Elle fut l'héroïne d'une tragédie d'Euripide.

Andromaque

Dans la mythologie grecque, elle est la femme d'Hector, chef de la défense troyenne pendant la guerre de Troie. Son mari est tué par Achille qui la donne comme esclave à son fils après la chute de Troie.

Elle est aussi l'héroïne des tragédies d'Euripide et de Racine.

Antigone

Fille d'Œdipe, elle fut tuée par le roi Créon pour avoir enseveli son frère Polynice tué devant Thèbes.

Elle est l'héroïne d'une tragédie de Sophocle et d'un drame de Jean Anouilh.

Aphrodite

Pour les Grecs, elle fut la déesse de l'amour et de la beauté. Les Romains l'avaient nommée Vénus. Elle séduisait et trompait les hommes comme les dieux.

APOLLINE

Ce prénom vient d'Apollon, fils de Zeus et frère jumeau d'Arthémis, dieu de la lumière, des Arts et de la Divination. Il est très en vogue depuis les années 1990.

Fête le 9 février. Sainte Apolline fut religieuse en Égypte au IIIe siècle et mourut en martyre.

ARIANE

Fille de Minos, roi de Crète, et de Pasiphaé, Ariane tombe amoureuse de Thésée, héros venu combattre le Minotaure, monstre mi-homme mi-taureau enfermé dans le Labyrinthe. Ariane propose à Thésée de lui donner le moyen de sortir du Labyrinthe à la condition qu'il l'emmène à Athènes pour l'épouser, ce qu'il fit.

ARTÉMIS

Déesse de la lune et de la chasse, elle est la sœur jumelle d'Apollon. C'est la forme Artémise qui est parfois employée. Dans la mythologie romaine, elle est Diane.

ASTRÉE

Astraïa était née des amours de Zeus et de Thémis, qui représentait la justice divine. Elle vécut en bienfaitrice sur la terre au milieu des hommes, puis prit place parmi les étoiles, formant la constellation de la Vierge.

ATALANTE

Née d'un père qui l'abandonna, déçu d'avoir une fille, Atalante fut recueillie et allaitée par une ourse. Devenue adulte, elle s'embarqua avec Jason dans la quête de la Toison d'or. Mais elle offensa Zeus et fut changée en lionne.

ATHÉNA

Elle est une des plus grandes figures de la mythologie grecque : fille de Zeus, déesse de la pensée, des arts, des sciences et de l'industrie, elle est aussi déesse de la sagesse et de la guerre et préside à la destinée de la ville d'Athènes.

Dans la mythologie romaine, elle est Minerve.

Sa variante Athénaïs fut très en vogue en France au XVIIe siècle. Athéna ou Athina sont courantes en Grèce aujourd'hui.

BAUCIS

Elle est l'épouse de Philémon dans la légende d'Ovide *Philémon et Baucis*. Ce couple de pauvres paysans est le symbole de l'hospitalité et de l'amour conjugal.

BRUNEHAUT

Brunehild est dans la mythologie germanique une Walkyrie, une de ces vierges guerrières qui parcouraient les champs de bataille pour emmener les âmes des morts les plus valeureux au combat vers le Walhalla, paradis des guerriers. Brunehaut est sa forme française. Ce prénom signifie « bouclier de combat ».

CALLIOPE

Muse de la poésie épique et de l'éloquence, Kalliopé est la fille de Zeus et de Mnémosyne, déesse de la mémoire. Ce prénom signifie « belle voix ».

CALLISTE

Callisto était dans l'Olympe une très belle nymphe dont Zeus le volage était amoureux. Héra sa femme qui en était jalouse la transforma en ourse. Artémis déesse de la chasse la tua. Zeus fit d'elle une constellation, la Grande Ourse.

Ce prénom signifie « la plus belle ». Il est devenu mixte dès l'Antiquité et le reste aujourd'hui. On rencontre aussi l'orthographe Calixte.

Fête le 14 octobre. Saint Calliste fut pape au IIIe siècle.

Calypso

Elle est, dans la mythologie grecque, la nymphe qui recueillit Ulysse après son naufrage, et le retint sous son charme pendant dix années avec ses marins.

Cassandre

Kassandra reçut d'Apollon le don de prophétie. Mais à condition qu'elle se donne à lui. Kassandra accepta le don, mais refusa l'étreinte et Apollon la punit en décrétant que personne ne croirait à ses prédictions. Elle annonça la prise de Troie, mais on ne l'écouta pas. Elle fut emmenée en esclavage par Agamemnon, roi de Mycènes, et Clytemnestre, sa femme, jalouse de sa beauté, la tua.

Chloé

Elle était la déesse des fleurs, et avait un temple sur l'Acropole. Chaque année au mois de mai, on célébrait son culte. Chloé est un des prénoms favoris de la fin du XXe siècle.

Circé

Elle était une ravissante et terrifiante magicienne qui habitait l'île d'Aea et qui transformait en animal tout homme qui l'approchait.

Les compagnons d'Ulysse qui accostèrent en éclaireurs furent changés en pourceaux. Ulysse fut averti par un de ses hommes et, décidé à les libérer, accepta un antidote donné par le dieu Hermès. La boisson de Circé n'opéra pas, elle tomba amoureuse d'Ulysse et accepta de rendre forme humaine à ses compagnons. Elle les traita si bien qu'ils restèrent avec elle plus d'une année.

Clio

Kléio était, dans la mythologie grecque, la muse de l'histoire. Ce prénom est devenu moins courant depuis qu'il nomme une voiture.

Fête le 10 novembre. Sainte Nymphe, chrétienne du IIe siècle, enfermée par son père et, d'après la légende, délivrée par un ange, est sa patronne.

DANAÉ

Un oracle prédit au roi d'Argos que sa fille donnerait le jour à un fils qui le tuerait. Effrayé, le roi enferme Danaé dans une tour bien gardée. Mais Zeus vint la visiter une nuit sous la forme d'une pluie d'or, et Danaé conçut un enfant, Persée. Le roi jette la mère et l'enfant à la mer, enfermés dans un coffre. Au lieu de couler, le coffre se dépose sur une plage dans une île. Un pêcheur recueille Danaé et Persée. Le roi de l'île enlève Danaé et veut la contraindre à l'épouser. Elle est délivrée par son fils. Tous deux reviennent à Argos où Persée tue accidentellement son grand-père. La prophétie s'est réalisée. Danaé se retire en Italie.

DAPHNÉ

Elle était un nymphe chasseresse. Éros dieu de l'amour voulait se venger d'Apollon : il lui décocha une flèche qui le rendit fou de désir pour Daphné qu'il poursuivit à travers la forêt. Daphné voulant lui échapper pria le dieu du fleuve Penée qui traversait la forêt de la sauver. Elle fut changée en laurier. Éploré, Apollon cueillit une branche de ce laurier dont il orna son casque et son carquois.

DENISE

Ce prénom vient de Dionysos, dieu de la vigne, du vin et de l'extase. Denise est un prénom tombé en désuétude depuis plus de soixante ans.

Fête le 9 octobre. Saint Denis, premier évêque de Paris, est son patron.

DIANE

Elle est, dans la mythologie romaine, la déesse de la chasse et symbolise la beauté et l'élégance. Ce prénom est sans doute celui qui, de toute la mythologie, a traversé l'histoire, les générations et les pays sans jamais vieillir.

Fête le 9 mai. Sainte Diane d'Andalo fut dominicaine en Italie au XIIIe siècle.

DORIS

Elle est la fille d'Océan et l'épouse de Nérée à qui elle donne cinquante filles, appelées les Néréides.

ÉGÉRIE

Selon la légende, elle était une conseillère du roi Numa, elle protégeait les puits, guérissait les maux et prédisait l'avenir. Une variante : Egéria.

ÉLECTRE

Fille d'Agamemnon et de Clytemnestre, elle persuada son frère Oreste de venger leur père en tuant leur mère et son amant. Cette légende inspira Eschyle, Sophocle, Euripide et Giraudoux.

Électre est aussi le nom d'une des filles du dieu Atlas, qui, poursuivie comme ses sœurs par Orion, fut transformée en étoile, formant la Pléiade, après avoir donné le jour à Dardanos, dont le nom est aujourd'hui évoqué dans le détroit des Dardanelles.

ÉRATO

Parmi les muses, elle présidait la poésie amoureuse.

EUPHROSYNE

Ce prénom qui signifie « bel esprit » en grec est celui de l'une des trois Grâces, sœur de Thalie et d'Aglaé ; elle symbolise la joie intérieure et danse avec elles au son de la lyre, pour le bonheur des dieux de l'Olympe.

Fête le 1er janvier. Sainte Euphrosyne fut religieuse en Égypte au Ve siècle.

Eurydice

Elle épousa Orphée, et alors que le cortège nuptial avançait, elle fut mordue par un serpent et mourut. Orphée descendit aux Enfers pour enlever sa belle et joua de la lyre, charmant tout le peuple des Enfers, même le chien Cerbère, les Furies déesses de l'épouvante qui gardaient la porte. Le dieu des Enfers accepta qu'Orphée reprenne Eurydice à condition que sur le chemin de la vie, il ne se retournât pas pour vérifier qu'elle le suivait. Orphée prit la route, Eurydice sur ses pas, mais la tentation fut trop forte, et il se retourna. La belle aussitôt disparut et fut happée par les Enfers.

Gaia

Gaea, devenue Gaia sous sa forme contemporaine, était, pour les Grecs, la déesse mère universelle, représentant la terre, à l'origine de tous les dieux grecs qu'elle conçut avec Ouranos, le dieu du ciel.

Galathée

Elle est une statue d'ivoire, comme l'indique l'étymologie de son prénom, « blanche comme le lait », et représente Aphrodite. Le sculpteur Pygmalion tombe amoureux d'elle et prie les dieux pour qu'elle s'anime. Son souhait est réalisé, et il l'épouse.

Hélène

Ce grand classique signifie « éclat du soleil ». Plusieurs de ses variantes sont en vogue actuellement : Ilona, Léna… Mais Hélène est d'abord l'un des plus célèbres personnages de la mythologie grecque, héroïne de la guerre de Troie dont elle est à l'origine : elle est la femme du roi de Sparte, Ménélas ; le fils du roi de Troie, Pâris, séduit par sa beauté, l'enlève. Ménélas déclare alors la guerre à Troie pour reprendre sa femme.

Fête le 18 août. Sainte Hélène fut la mère de l'empereur d'Orient Constantin, au IVe siècle. Répudiée par son mari l'empereur Constance Chlore, elle revint à la cour au couronnement de son fils et se dévoua aux œuvres charitables.

Héraïs

Héra était dans la mythologie grecque la femme de Zeus, déesse du mariage et protectrice des épouses.

Fête le 21 juin. Sainte Héraïs, égyptienne chrétienne, subit le martyre au IIIe siècle.

Hermance

Ce prénom évoque Hermès, dieu des voyageurs, des commerçants et… des voleurs, et messager des dieux.

Fête le 8 avril. Saint Hermès fut évêque en Italie au Ier siècle.

Hermione

Elle est la fille du roi de Sparte Ménélas et de sa femme Hélène.

Ilithya

Fille d'Héra et de Zeus, elle était la déesse de la maternité et présidait aux accouchements.

Iphigénie

Fille d'Agamemnon et de Clytemnestre, son père l'offrit en sacrifice à Artémis afin que sa flotte retenue au port par des vents contraires puisse naviguer. La déesse substitua à la jeune fille une biche et fit d'elle sa prêtresse. Euripide puis Racine et Goethe s'inspirèrent de cette légende.

Iris

Messagère des dieux comme Hermès, elle est aussi déesse de l'arc-en-ciel, qu'elle porte en écharpe.

Fête le 4 septembre. Sainte Iris, fille de Philippe diacre en Asie Mineure au IIe siècle, mourut en martyre.

Isadora

Féminin d'Isidore, Isadora est, en grec, « don d'Isis », déesse égyptienne qui symbolise la perfection conjugale et maternelle.

Fête le 4 avril. Saint Isidore de Séville est son patron.

Jocelyne

Gauz était une divinité teutonne dont est issu le prénom masculin Josse. Jocelyne en est le féminin.

Fête le 13 décembre. Saint Josse, roi breton du VIIe siècle, acheva sa vie dans un ermitage.

Joéva

Féminin de Joévin, qui signifie « relatif à Jupiter », dieu des dieux pour les Romains.

Fête le 2 mars. Saint Joévin fut évêque de Léon au VIe siècle.

Lavinia

Dans la mythologie romaine, Lavinia est la femme d'Énée et de cette union naquit Iule, qui fonda la famille Iulius dont descend le peuple romain.

Maïa

Elle est l'une des sept filles du dieu Atlas, mère du dieu Hermès et poursuivie comme ses sœurs par Orion. Zeus eut pitié d'elles et les transforma en étoiles nommées les Pléiades.

Médée

Ensorcelée par Cupidon, dieu de l'amour, elle tomba amoureuse de Jason parti à la recherche de la Toison d'or dans le royaume de son père. Douée de pouvoirs surnaturels, Médée trahit son père et fit tuer son frère pour l'amour de Jason, intervint auprès d'Héra, la femme de Zeus, pour que Jason réussisse sa mission. Ils se marièrent, eurent deux fils et s'établirent au royaume de Corinthe, mais Jason l'ingrat s'éprit de la fille du roi et délaissa sa femme. Médée tua la nouvelle épousée.

Niobé

Elle est la petite fille de Zeus, dotée de grands bonheurs : un mari aimant, de beaux enfants, une grande fortune. Mais elle provoque les dieux qui pour se venger font périr les membres de sa famille. Niobé est changée en rocher qui pleure pour l'éternité.

Olympe

Le mont Olympe est situé aux confins de la Macédoine et de la Thessalie. Les Grecs y avaient établi la résidence de leurs dieux. Olympie est une ville du Péloponnèse, centre religieux des Grecs de l'Antiquité, où se déroulaient tous les quatre ans les jeux Olympiques.

Fête le 17 décembre. Sainte Olympe, aristocrate byzantine au IVe siècle, prit le voile et consacra sa fortune à la construction d'un hôpital.

Pasiphaé

Femme de Minos roi de Crète, elle fut la mère d'Ariane et de Phèdre et elle conçut avec un taureau blanc envoyé par Zeus le Minotaure, monstre mi-homme mi-taureau qui fut enfermé par Minos dans le Labyrinthe et tué par Thésée.

PÉNÉLOPE

Femme d'Ulysse, elle attendit le retour de son mari pendant vingt ans, malgré ses nombreux soupirants qui la pressaient de reprendre époux, assurant qu'Ulysse était mort. Pénélope, pour les faire patienter, assura qu'elle se remarierait avec l'un d'eux lorsqu'elle aurait achevé de tisser le suaire de son beau-père. Mais le travail n'avançait pas, puisque Pénélope défaisait la nuit ce qu'elle avait tissé le jour. Les soupirants furent avertis par une servante et imposèrent à Pénélope de choisir. C'est à ce moment qu'Ulysse revint.

Fête le 18 août. Sainte Hélène, mère de l'empereur Constantin au IVe siècle, est sa patronne.

PERSÉPHONE

Elle était la reine des Enfers, femme d'Hadès, dieu du royaume des morts, des métaux précieux et des richesses souterraines. On la nommait aussi Proserpine.

PHÈDRE

Sœur d'Ariane, elle épousa Thésée et tomba follement amoureuse de son beau-fils Hippolyte. Honteuse de ce sentiment, elle décida de se donner la mort.

Euripide, Sénèque et Racine en firent une héroïne de tragédies.

RHÉA

Elle est la mère de Zeus et des dieux de l'Olympe. Elle symbolise la terre.

SÉLÉNÉ

Sœur d'Hélios, dieu du soleil, Séléné est la déesse de la lune. La légende raconte qu'une nuit, se penchant par-dessus les nuages, Séléné aperçut un berger endormi dans la campagne. Émerveillée par sa beauté, Séléné le maintint dans un sommeil magique pour l'éternité afin de pouvoir chaque nuit s'étendre auprès de lui.

SIBYLLE

Sibulla était une prêtresse d'Apollon célèbre pour son don de prophétie.

Fête le 9 octobre. Sainte Sibylle fut religieuse au XIIIe siècle.

THALIE

Elle est très présente dans la mythologie grecque : l'une est Thalie la verdoyante, une des trois Grâces, sœur d'Aglaé et d'Euphrosyne, qui faisait croître et fleurir les fleurs. L'autre est la muse de la comédie. Thalie signifie « abondance » en grec.

THÉTIS

Fille de Nérée et de Doris, elle est une de leurs cinquante filles, les Néréides, nymphes de la mer ; elle donna le jour à Achille, qui fut un héros de la guerre de Troie.

THISBÉ

Ravissante jeune fille, elle vivait à Babylone, au royaume de Sémiramis. Elle aimait Pyrame, beau jeune homme du voisinage, et en était aimée. Mais leurs parents s'opposaient à leur union. Ils décidèrent de se rencontrer une nuit, mais une lionne qui venait de dévorer une proie arracha le voile de Thisbé et l'ensanglanta. Thisbé s'enfuit, mais Pyrame arrivant en conclut que la lionne avait dévoré sa belle et se poignarda. Thisbé le trouva agonisant un peu plus tard et le rejoignit dans la mort.

URANIE

Elle est avec ses huit sœurs une des muses de la Grèce antique, la muse de l'astronomie.

ZÉNAÏDE

En grec, ce prénom signifie « cadeau de Zeus ».

Fête le 11 octobre. Sainte Zénaïde, après avoir été convertie par saint Paul en Asie Mineure au Iᵉʳ siècle, consacra sa vie aux malades.

PRÉNOMS BIBLIQUES ET HÉBRAÏQUES

La Bible nous a laissé en héritage de très beaux prénoms. Certains sont courants depuis des siècles et ne signent pas forcément une appartenance à une communauté : Benjamin, Gabriel ou Mathieu, Anne, Élisabeth ou Emmanuelle, par exemple. D'autres au contraire sont plus typiques, et sont attribués aux enfants en hommage à leur référent culturel et religieux.

GARÇONS

AARON

Ce prénom signifie « celui qui vient après ». Il fut porté par un jeune frère de Moïse.

ABEL

Deuxième fils d'Adam et Ève, Abel est dans la Bible un berger calme et pieux qui offre à Dieu prières et sacrifice. Son frère Caïn, jaloux, le tue. Ce prénom signifie « ce qui passe ».

Abraham

« Père des nations », Abraham vécut en Chaldée 1900 ans avant J.-C. Il conduisit les Hébreux en pays de Canaan. Dieu voulut l'éprouver en lui demandant de lui sacrifier son fils unique, Isaa. Touché par son obéissance, il substitua à l'enfant un bélier.

Adam

Selon son étymologie hébraïque, il signifie « fait de terre ». Dans la Bible, Adam est le premier homme, l'époux d'Ève. Ce prénom est en vogue depuis l'an 2000.

Ariel

Ce prénom qui signifie « vaillant » est actuellement courant en Israël.

Ben

Dans la Bible, Ben est le fils de Léa et de Jacob. Ce prénom signifie « fils ».

Benjamin

« Fils de bon augure », il fut le dernier des douze fils de Rachel et Jacob.

Dan

Cinquième des douze fils de Rachel et Jacob, il est l'ancêtre d'une des tribus d'Israël. Ce prénom signifie « il fait justice ».

Daniel

Ce prénom qui signifie « Dieu est juge » fut l'un des favoris en France dans les années 1940, comme son féminin Danièle. Il est devenu très rare aujourd'hui.

Fête le 11 décembre. Saint Daniel, entré dans un monastère à Constantinople, passa les trente-trois dernières années de sa vie sur une colonne au bord du Bosphore au Ve siècle.

DAVID

Ce prénom a été l'un des grands favoris entre 1960 et 1980. Il signifie « Bien-aimé de Dieu » et évoque les exploits du roi David, roi de Juda et d'Israël au Xe siècle avant J.-C. Courageux, il assomma Goliath avec sa fronde, poète, il composa les plus belles prières de la Bible, bâtisseur, il fit de Jérusalem sa capitale.

Fête le 29 décembre. Saint David fut moine au pays de Galles au VIe siècle.

EDEN

Ce prénom qui signifie « délices » fait allusion au paradis, jardin d'Eden. Il fut porté par l'un des petits-fils de Moïse.

ÉLÉAZAR

Ce prénom signifie « Dieu a secouru ». On rencontre aussi sa variante Elzéar. Dans la Bible, Éléazar est le chef de la tribu des Lévites.

ÉLIE

Prophète au royaume d'Israël au IXe siècle avant J.-C., Élie lutta contre les idolâtres. Ce prénom, qui signifie « mon maître est Dieu », est un des piliers de la culture hébraïque. Ses formes sont multiples à travers le monde : le breton Eliaz, le moderne Élier, l'américain Eliott, le russe Ilya.

Fête le 20 juillet. Saint Élie fut martyr à Rome au IVe siècle.

ÉLISÉE

Il fut le disciple et le successeur d'Élie, au IXe siècle avant J.-C. en Israël.

EMMANUEL

« Dieu est avec nous », proclame ce prénom qui est un des grands classiques du XXe siècle.

Fête le 10 juillet. Saint Emmanuel fut un missionnaire franciscain martyr en Syrie au XIXe siècle.

ÉPHRAÏM

Ce prénom signifie « fertile » ; il fut porté par le second fils de Joseph, fondateur d'une des tribus d'Israël.

ÉSAÜ

Fils de Rebecca et d'Isaac, il est le frère jumeau de Jacob, né quelques minutes avant lui. Ayant le droit d'aînesse, il consentit, d'après la Bible, à le donner à son frère en échange d'un plat de lentilles, un jour qu'il rentrait de la chasse épuisé et affamé.

ETHAN

Ce prénom qui signifie « constant » est issu de l'Ancien Testament. Il fut porté par un lévite musicien, et par un petit-fils de Juda. Il est depuis dix ans en vogue aux États-Unis, où il fut illustré par les exploits d'un chef de guerre pendant la guerre de Sécession. Ce succès se répand en France depuis l'an 2000. On l'orthographie aussi Etan.

ÉZÉCHIEL

Prophète, comme Isaïe et Jérémie, il fut l'auteur du *Livre d'Ézéchiel*, qui relate ses visions.

Ce prénom signifie « Dieu rendra fort ».

EZRA

Ce prénom signifie « Dieu est secours ». Fils d'Aaron, scribe, il jouit d'une influence certaine : il imposa la lecture publique de la Torah et incita les juifs au respect des règles religieuses.

Gabriel

Il est, selon la Bible, l'archange messager de Dieu : il expliqua ses rêves au prophète Daniel, annonça à Zacharie et Élisabeth la prochaine naissance de saint Jean-Baptiste, et à Marie qu'elle avait été choisie pour être la mère du Messie.

Ce prénom, qui signifie « force de Dieu », est un des favoris de ce début de siècle.

Fête le 29 septembre.

Gad

Ce prénom signifie « bonheur ». Gad fut le septième fils de Jacob, né de Zilpa, la servante de Léa, et le fondateur de l'une des tribus d'Israël.

Gédéon

On prête à Gédéon, paysan désigné par Dieu pour libérer Israël d'une tribu de nomades pilleurs, une descendance de soixante-dix enfants… Ce prénom signifie « saison de chance ».

Hochea

Ce prénom qui signifie « salut » fut porté par l'un des douze petits prophètes du royaume d'Israël.

Ilan

Ce prénom moderne très en vogue en Israël signifie « arbre ».

Isaac

Dans la Bible, Isaac est le fils qu'Abraham et Sarah, très âgés, n'espéraient plus, et le père d'Ésaü et de Jacob. Ce prénom signifie « Dieu a ri ».

Isaïe

Grand prophète avec Ézéchiel et Jérémie au VIIe siècle avant J.-C., Isaïe exerça au royaume de Juda. Ce prénom signifie « Dieu est délivrance ».

Ismaël

Dans la Bible, il est le fils d'Abraham, né d'Agar, la servante de Sarah qui était supposée stérile. Chassé avec sa mère sur ordre de Sarah dès qu'elle accoucha d'Isaac, Ismaël épousa une Égyptienne. De sa descendance sont nés les Ismaélites, c'est-à-dire les Arabes.

Jacob

Il est dans la Bible le fils d'Isaac et de Rebecca, le petit-fils d'Abraham. Il aura douze fils qui donneront naissance aux douze tribus d'Israël. La légende raconte qu'il mourut à 147 ans. Jacob a de multiples variantes : il est Jacques en français, Jaime en espagnol, Giacomo en italien, James en anglais…

Jean

Ce très grand classique signifie « Dieu a fait grâce ». Yohanan dans sa forme originelle en hébreu, il est Jehan au Moyen Âge en France, et Johannes dans les pays du Nord. Courant dès le Moyen Âge, Jean a été à son apogée au tout début du XXe siècle. Les années 1950 l'ont vu dans de multiples formes composées. Il revient aujourd'hui discrètement dans sa simplicité.

Fête le 24 juin. Saint Jean fut apôtre de Jésus, le protecteur de la Vierge Marie, l'auteur du quatrième Évangile, de trois épîtres et de l'*Apocalypse*.

Jérémie

Ce prénom est celui d'un des grands prophètes d'Israël, qui, désespéré de devoir annoncer destructions, ruines et châtiments, écrivit un *Livre des Lamentations*. Ce prénom hébraïque qui signifie « Dieu élèvera » est aussi très fréquent dans les familles protestantes. Il fut populaire en France entre 1970 et 1990. On l'écrit aussi Jeremy, à l'anglaise.

JOACHIM

Ce prénom signifie « Dieu s'est levé ». Il fut présent mais discret, du Moyen Âge au XIXe siècle.

Fête le 26 juillet. Saint Joachim fut le père de la Vierge Marie, le grand-père de Jésus.

JOËL

« Yahvé est Dieu » est la signification de ce prénom, qui fut porté par l'un des douze petits prophètes d'Israël, qui laissa une importante œuvre littéraire, *Le Livre de Joël.*

Fête le 13 juillet.

JONAS

Petit prophète d'Israël lui aussi, Jonas reçut de Dieu l'ordre de rétablir l'ordre à Ninive, en Assyrie. Il rechigna et s'embarqua sur un navire pour fuir l'ordre divin. Un violent orage éclata, et Jonas avoua à l'équipage sa fuite ; rendu responsable de la tempête, il fut jeté par-dessus bord et avalé par une baleine. Au bout de trois jours, l'animal le rejeta vivant sur une plage.

JONATHAN

Il fut le fils aîné de Saül, roi d'Israël, et grand ami de David. Il sera tué au combat par les Philistins. Ce prénom signifie « donné par Dieu ».

Fête le 29 décembre.

JOSEPH

Dans la Bible, il fut le onzième fils de Jacob, et son préféré. Ses frères le jalousèrent et le vendirent comme esclave. Mais Joseph, grâce à son habileté, devint ministre de Pharaon. Il mourut à 110 ans.

Ce prénom signifie « Dieu ajoutera ». Sa variante José a été pendant plusieurs décennies un grand prénom espagnol.

Fête le 19 mars. Saint Joseph est l'époux de Marie et le père nourricier de Jésus.

Josué

Dans la Bible, il succéda à Moïse et conduisit les enfants d'Israël vers la Terre promise. Il présida au partage du territoire de Canaan entre les douze tribus d'Israël. Ce prénom signifie « Dieu délivre ». Sa forme anglaise Joshua est un des favoris aux États-Unis et gagne l'Europe.

Lazare

Ce prénom a la même étymologie qu'Éléazar, qui signifie « Dieu a secouru ». Lazare, frère de Marthe et de Marie Madeleine, fut, d'après la Bible, ressuscité par Jésus.

Fête le 29 juillet.

Matthias

Harpiste, Matthias fut musicien à la cour du roi David. Mais il fut aussi un ardent défenseur de sa religion face à l'hellénisme.

Fête le 14 mai. Saint Matthias remplaça Judas Iscariote auprès de Jésus et partit évangéliser la Macédoine après la Pentecôte.

Matthieu

« Don de Dieu » en hébreu comme Matthias, Matthieu fut un des prénoms favoris en France entre 1970 et 1990. On l'orthographie aussi Mathieu. Sa variante Mathis a pris le relais depuis 1990, ainsi que sa forme italienne Mattéo.

Fête le 21 septembre. Saint Matthieu, douanier à Capharnaüm, suit Jésus et devint apôtre et évangéliste.

MICHEL

Mikaël en hébreu, ce prénom est l'un des plus portés au monde, et sous presque tous les cieux. Il signifie « Qui est comme Dieu » et désigne l'archange, chef des légions célestes. Ultraclassique, il fut un favori pendant une grande moitié du XXe siècle, jusqu'en 1960.

Fête le 29 septembre.

MOÏSE

Il fut « Sauvé des eaux », selon l'étymologie égyptienne de son prénom. Lorsque Moïse, frère d'Aaron et de Myriam, naquit en Égypte, Pharaon ordonna que tous les nouveau-nés mâles soient exécutés. Sa mère le cacha dans une corbeille qu'elle déposa sur les rives du Nil parmi les roseaux. La fille de Pharaon découvrit le bébé et l'emmena. Moïse deviendra le guide de la résistance des Hébreux contre les abus des Égyptiens, les fera sortir d'Égypte, écrivit les cinq livres de la Torah et fonda la nation d'Israël au XIIIe siècle avant J.-C.

NATHAN

Il fut prophète à la cour de David au Xe siècle avant J.-C. Ce prénom signifie « Dieu a donné ». Populaire aux États-Unis depuis longtemps, il se propage en Europe aujourd'hui.

NATHANAËL

Comme Nathan, ce prénom signifie « Dieu a donné ».

Fête le 24 août. Saint Nathanaël, apôtre, évangélisa l'Arménie après la Pentecôte, et y mourut en martyr.

Noé

Modeste viticulteur, Noé avait une vie paisible malgré bien des fléaux. Dieu envoya aux hommes un déluge destiné à les anéantir, et ordonna à Noé de construire une arche, de la remplir de provision, d'y abriter un couple de chaque espèce vivante, et de s'y réfugier avec sa femme et ses enfants. Après quarante jours de pluie, la terre fut submergée. Sept mois plus tard, l'arche de Noé se posa sur le mont Ararat. Noé lâcha une colombe qui revint saine et sauve. Il quitta l'arche accompagné de sa famille et des animaux qu'il avait préservés. Dieu les bénit et leur ordonna de croître et de multiplier. D'après la légende, Noé vécut jusqu'à 950 ans.

Ce prénom, qui signifie « apaisement », commence à apparaître en Europe, tout comme Noah, déjà en faveur aux États-Unis.

Raphaël

Comme l'indique sa signification, « Dieu a guéri », il est l'archange de la guérison et la Bible cite ses interventions auprès de Tobie qu'il soigna de la cécité. Ce prénom n'atteint pas le succès de Gabriel, mais il est discrètement présent à l'état civil depuis les années 1980.

Fête le 29 septembre.

Roch

Fils de Benjamin, il accompagna son grand-père Jacob lorsqu'il partit pour l'Égypte. Ce prénom signifie « guide ».

Fête le 16 août. Saint Roch, parti en pèlerinage pour Rome au XIVe siècle, attrapa la peste en soignant les malades sur son chemin.

Ruben

Ce prénom a une signification toute particulière : « voyez, c'est un fils », cri de joie de sa mère Léa qui espérait, en mettant au monde un garçon alors que l'épouse de Jacob était stérile, se faire aimer de lui. Ruben fut fondateur de l'une des tribus d'Israël.

Salomon

Fils de David et de Bethsabée, il devint roi d'Israël au Xe siècle avant J.-C. et régna quarante ans. L'histoire le dépeint comme un homme sage, juste et pacifiste. Son pays atteint sous son règne son apogée économique et culturelle. Il décida la construction du temple de Jérusalem qui fut détruit quatre cents ans plus tard. À sa mort, des guerres fratricides explosèrent entre les tribus qui revendiquèrent leur indépendance. Ce prénom signifie « paix », et sa forme arabe est Soliman.

Fête le 29 décembre.

Samson

D'après la Bible, il fut au XIIe siècle avant J.-C. un juge et un guerrier doté d'une force exceptionnelle. Cette force, il la devait à sa chevelure que Dieu lui avait interdit de couper. Samson tomba amoureux de Dalila, une fille de Philistins, les ennemis d'Israël, qu'il épousa. Il lui confia son secret. Dalila le drogua et lui coupa les cheveux pendant son sommeil. Samson fut capturé par les Philistins. Lorsque ses cheveux eurent repoussé, il renversa sur lui et sur ses ennemis le temple dans lequel il était enfermé.

Fête le 28 juillet. Saint Samson, moine gallois au VIe siècle, fut conseiller du roi Chilpéric et l'un des fondateurs de la Bretagne.

SAMUEL

Voué à Dieu par sa mère, il fut éduqué au temple par Élie, et fut le dernier juge d'Israël. Samuel rédigea un récit historique ponctué de textes poétiques, *Le Livre de Samuel*, et incita Saül à monter sur le trône. Ce prénom signifie « son nom est Dieu ».

Ce prénom est en vogue en France depuis les années 1960. Ses diminutifs Sam et Sammy sont courants aux États-Unis.

Fête le 20 août.

SAÜL

Il fut le premier roi d'Israël. Son gendre David lui succéda, ses fils étant morts au combat, comme lui. Ce prénom signifie « demandé ».

SETH

Troisième fils d'Adam et Ève, il naquit après la mort de son frère Abel. Ce prénom signifie « fondateur ».

SIMON

Ce prénom signifie « Dieu a entendu » et a été porté par l'un des fils de Jacob.

Fête le 28 octobre. Saint Simon le Zélote est l'un des apôtres du Christ. Après la Pentecôte, il évangélisa la Perse où il subit le martyre.

URIEL

Il est le moins connu des archanges. Ce prénom signifie « Dieu est léger ».

Fête le 29 septembre.

ZACHARIE

Il fut l'un des douze petits prophètes d'Israël. *Le Livre de Zacharie* décrit ses visions mystiques. Ce prénom signifie « Dieu s'est souvenu ».

ZÉBULON

Il fut le dixième fils de Jacob, le sixième enfant de Léa, et l'un des fondateurs de l'une des douze tribus d'Israël. Ce prénom signifie « résidant ».

FILLES

ABIGAËL

Ce prénom fut celui de la sœur et de la femme du roi David. Il signifie « ma joie est en Dieu ».

ANNE

Ce prénom dont la forme originelle est Hannah signifie « gracieuse ». Hannah est dans la Bible la mère de Samuel qu'elle voue à Dieu pour le remercier de lui avoir permis d'enfanter après de longues années de stérilité. Anne fut l'un des grands prénoms de la première moitié du XXe siècle et ses formes composées furent courantes dans les années 1980. Annabelle fut toujours discrète mais toujours présente.

Fête le 26 juillet. Sainte Anne est la mère de la Vierge Marie.

ARIELLE

Féminin d'Ariel qui signifie « vaillant », ce prénom n'est guère courant en Europe.

ATHALIE

Ce prénom qui signifie « rosée de Dieu » est celui d'une reine de Juda cruelle, impie et meurtrière.

BÉTHANIE

Ce prénom évoque un village près de Jérusalem où vécurent Marthe, Marie et Lazare. Il est assez courant aux États-Unis.

BETHSABÉE

« Fille du serment », Bethsabée fut la dernière épouse de David, et la mère de Salomon.

CARMEL

Le mont Carmel en Israël fut selon la Bible un lieu de résidence du prophète Élie au IXe siècle avant J.-C. Ce prénom mixte est devenu presque exclusivement féminin.

CINNAMONE

« Fleur de cannelle », ce prénom fut porté dans la Bible par l'une des filles de Job.

DALILA

Ce prénom qui signifie « coquette » fut celui de l'épouse traîtresse de Samson qui, ayant appris que le secret de sa force résidait dans sa chevelure, lui coupa les cheveux dans son sommeil et le livra aux Philistins.

DANIÈLE

Féminin de Daniel, qui signifie « Dieu est juge », ce prénom a connu comme lui une grande popularité dans les années 1940.

Fête le 11 décembre. Saint Daniel passa les trente-trois dernières années de sa vie sur une colonne au bord du Bosphore.

DÉBORAH

Dans la Bible, elle est la seule femme parmi les seize juges d'Israël. Elle encouragea la lutte contre les Cananéens et écrivit un chant de louange, *Le Cantique de Déborah,* pour remercier Dieu d'avoir permis la victoire.

DINAH

Elle est dans la Bible la fille de Jacob et de Léa.

ÉLIANE

Féminin d'Élie, ce prénom connut une vague de succès au début du XXe siècle. Éliette est resté rare. Élia apparaît.

Fête le 20 juillet. Saint Élie fut martyr à Rome au IVe siècle.

ÉLISABETH

Ce très grand classique qui signifie « Dieu est plénitude » a connu son apogée au Moyen Âge, tout particulièrement en Angleterre, et un peu plus tard en Russie, Ses variantes françaises et anglo-américaines sont multiples. En France, ce sont Élisa, Élise et Elsa qui ont la faveur des parents depuis les années 1990.

Fête le 17 novembre. Sainte Élisabeth est la mère de saint Jean-Baptiste.

ÉLONA

Ce prénom hébraïque moderne signifie « chêne ».

EMMANUELLE

« Dieu est avec nous » est la signification de ce prénom qui fut une des vedettes des années 1970.

Fête le 11 octobre. Sainte Emmanuelle fonda un ordre religieux destiné à assister les malades et les infirmes, en Espagne, au XIXe siècle.

ESTHER

Elle épousa le roi de Perse sans lui révéler ses origines juives et obtint la grâce des juifs menacés d'extermination. *Le Livre d'Esther* est le récit de son rôle en faveur de son peuple.

ÈVE

Elle est « celle qui donne la vie », la femme d'Adam, selon la Bible. Éva est à l'honneur au palmarès des prénoms depuis les années 1990, ainsi qu'Évaëlle, sa forme bretonne.

Fête le 6 septembre. Sainte Ève fut martyre en Gaule au IIIe siècle.

GABRIELLE

Féminin de Gabriel, du nom de l'archange, ce prénom revient en force à l'état civil depuis 1990.

Fête le 26 juin. Sainte Gabrielle, religieuse, fut guillotinée sous la Révolution.

HÉLÉA

Dans la Bible, Héléa est la femme d'un descendant du roi David.

ILANA

Ce prénom est la forme féminine d'Ilan, prénom hébraïque moderne qui signifie « arbre ».

JACQUELINE

Féminin de Jacques, forme française de Jacob, Jacqueline a été très populaire au début du XXe siècle. Ce prénom est oublié depuis.

Fête le 8 février. Sainte Jacqueline fut la confidente de saint François d'Assise au XIIIe siècle.

JEANNE

Féminin de Jean, qui signifie « Dieu a fait grâce », ce prénom a été très courant au Moyen Âge, puis du XVIIIe au XXe siècle. Sa variante Jeanine a connu le succès au tout début du XXe siècle, pour disparaître complètement alors que Jeanne est assez présente à l'état civil. À l'étranger, Jane, Janet, Johanna, Juana sont un peu oubliées au profit de l'irlandaise Shona.

Fête le 30 mai. Sainte Jeanne d'Arc est sa patronne.

JESSICA

Ce prénom qui signifie « bénie du Seigneur » est la forme féminine de Jessé, qui fut le père de David. Très prisé aux États-Unis en particulier dans les années 1970, il a connu une vague de popularité en France dix ans plus tard.

JOËLLE

Féminin de Joël qui signifie « Yahvé est Dieu », ce prénom est presque complètement oublié aujourd'hui.

Fête le 13 juillet.

JOSÉPHINE

Cette forme féminine de Joseph, qui signifie « Dieu a soutenu », est dans les favorites depuis les années 1990. Josée, Josette, Josiane l'avaient précédée.

Fête le 8 février. Sainte Joséphine, esclave soudanaise au XIXe siècle, devint gouvernante des enfants d'un agent consulaire, se fit baptiser et entra au couvent sa mission terminée.

JUDITH

Héroïne biblique, Judith, pour sauver la ville de Béthulie, séduisit le général ennemi, l'enivra et le tua pendant son sommeil. *Le Livre de Judith* chante ses louanges.

Fête le 5 mai. Sainte Judith devenue veuve, en Thuringe au VIe siècle, se mit au service des indigents.

Léa

Elle est dans la Bible la sœur de Rachel, elle partagera Jacob avec elle et aura de lui six garçons et une fille. Léa, qui signifie « vache sauvage », est, malgré cette étymologie peu gracieuse, un des prénoms favoris depuis les années 1990.

Marie

Ce prénom est certainement celui qui a été le plus attribué, sous toutes ses formes et dans tous les pays, du XVIIe siècle à nos jours. Ses variantes sont multiples en France comme à l'étranger : Maria, Marianne, Marielle, Mariette, Marion, Mary, Maryse, Mireille, Muriel… Quant à ses formes composées, elles ont été très populaires dans les années 1950.

Fête le 15 août. Sainte Marie est la mère de Jésus.

Michèle

Cette forme féminine de Michel, qui signifie « qui est comme Dieu », a été très populaire dans les années 1930. Il est complètement passé de mode aujourd'hui, tout comme sa variante Micheline.

Myriam

Dans la Bible, elle est la sœur aînée d'Aaron et de Moïse. Ce prénom qui est la forme originelle de Marie signifie « celle qui élève ». Il devient Myriem pour les musulmans.

Noémie

En hébreu, la forme originelle de ce prénom qui signifie « gracieuse » est Naomi. Dans la Bible, Naomi perdit son mari et ses deux fils en peu de temps ; elle était si bonne que ses deux belles-filles ne voulurent pas la quitter pour se remarier. Mais Naomi soucieuse de leur destin s'empressa de leur trouver un nouvel époux.

Noa

Ce prénom signifie « la mouvante ». Il fut porté dans la Bible par une femme de tête : Noa et ses quatre sœurs revendiquèrent et obtinrent leur héritage à la mort de leur père malgré l'opposition des hommes de leur clan. Ce prénom commence à apparaître à l'état civil.

Rachel

Dans la Bible, elle est l'épouse de Jacob et la mère de Joseph et Benjamin. Ce prénom signifie « brebis ».

Raphaëlle

Ce prénom est la forme féminine de Raphaël, archange de la milice céleste. Il est à l'honneur depuis les années 1990.

Fête le 29 décembre.

Rebecca

Dans la Bible, Rebecca est l'épouse d'Isaac, et la mère de Jacob et Esaü.

Fête le 23 mars. Sainte Rebecca, employée de maison à Damas, entre au monastère, demande à souffrir la Passion et meurt après plusieurs années de souffrance, au début du XXe siècle.

Ruth

Belle-fille de Noémie, elle devint veuve très jeune, s'expatria, puis revint à Jérusalem pour se remarier. Elle est l'ancêtre du roi David. *Le Livre de Ruth* raconte sa vie.

Salomé

Ce prénom a la même étymologie que Simone, et signifie « paix ». Dans la Bible, Salomé, nièce d'Hérode, demande la décapitation de saint Jean le Baptiste en récompense d'une danse qu'elle exécute devant les invités de son oncle. Son vœu est exaucé.

Fête le 22 octobre. Sainte Marie-Salomé est la mère des disciples Jacques et Jean.

SARAH

Elle est dans la Bible l'épouse d'Abraham, meurtrie de ne pas avoir eu d'enfant. Lorsque l'ange lui apprend sa prochaine maternité malgré son grand âge, elle s'étonne, mais accueille avec bonheur son fils Isaac. Ce prénom signifie « princesse ».

Fête le 20 décembre. Sainte Sarah est la servante de Marie-Jacobi et Marie-Salomé en Galilée au Ier siècle. Après la Pentecôte, elles s'installent en Gaule, aux Saintes-Maries-de-la-Mer.

SÉPHORA

Ce prénom qui signifie « oiselle » est la forme moderne de Tsipora, qui nomma la fille d'un prêtre éthiopien qui épousa Moïse.

SHARON

Ce prénom moderne signifie « petite poésie ». Il désigne également une région de Transjordanie. Courant et féminin aux États-Unis, il est mixte en Israël.

SHOSHANA

Ce prénom est la forme originelle de Suzanne, et signifie « lis ».

Shoshana est dans la Bible une jeune femme faussement accusée d'adultère par deux vieillards dont elle a repoussé les avances. Condamnée, elle est sauvée par le prophète Daniel qui confond les accusateurs.

Fête le 11 août. Sainte Suzanne, fille de sénateur à Rome au IIIe siècle, est décapitée pour avoir refusé d'épouser le fils de l'empereur Dioclétien.

SIMONE

Ce féminin de Simon qui signifie « paix » a été un des plus populaires au début du XXe siècle. Il est complètement désuet aujourd'hui.

Fête le 19 février. Sainte Simone, paysanne angevine, fut guillotinée sous la Révolution.

TAMARA

Ce prénom hébraïque signifie « palmier ».

Fête le 1er mai. Sainte Tamara, reine de Géorgie au XIIe siècle, se dévoua aux prisonniers.

URIELLE

Ce prénom est le féminin d'Uriel, qui désigne un des archanges de la milice céleste.

Fête le 1er octobre. Sainte Urielle, sœur de Judicaël, roi en Bretagne au Ve siècle, consacra sa vie à la prière.

YONA

Ce prénom biblique signifie « colombe ». À l'origine, il était mixte, mais aujourd'hui il est exclusivement féminin.

Prénoms de l'Antiquité

Le monde antique nous a légué une grande partie de notre culture : les racines de notre langue, des modèles d'architecture, des expériences dans les domaines politique et économique, mais aussi de beaux prénoms dont la plupart occupent avec brio notre état civil : Alexandre, Maxime, Victor et Camille, Flavie ou Julie.

Garçons

Adrien

Ce prénom, qui signifie « originaire d'Adria, ville de Vénétie », était répandu à l'aube du premier millénaire. Hadrien devint empereur à Rome au début du IIe siècle. Réfléchi, il réorganisa l'administration de l'Empire, prudent, il fortifia les frontières pour se protéger des invasions barbares, généreux avec ses sujets, il se préoccupa de leur bien-être. Mais hélas Hadrien fut intolérant et son règne fut aussi marqué par les persécutions des chrétiens.

Fête le 8 septembre. Saint Adrien, gardien de prison sous Dioclétien, à Rome, se convertit et fut condamné au supplice avec les captifs qu'il surveillait.

ALEXANDRE

Ce prénom est sans doute celui qui a eu la plus longue vie. Déjà célèbre au IVe siècle avant J.-C., il était encore, dans les années 1990, en France, un des favoris. Son succès ne se dément pas non plus dans les pays de langue anglaise et dans les pays slaves. Issu du grec, il signifie « celui qui repousse l'ennemi ». Alexandre le Grand, grand conquérant, maître du monde occidental au IVe siècle, et créateur de la civilisation hellénistique, est certainement pour ce prénom la référence la plus prestigieuse. De très nombreux rois à travers l'Europe le portèrent par la suite, ainsi que des papes.

Fête le 3 mai. Saint Alexandre fut le sixième pape, persécuté comme son prédécesseur Évariste sur ordre de Trajan.

ANTOINE

Latin, il signifie « inestimable ». Peu de prénoms ont traversé autant de siècles sans jamais vieillir. Antoine était au sommet du hit-parade dans les années 1980, alors qu'il était déjà en vogue avant l'ère chrétienne, comme en témoigne l'Histoire.

Marc Antoine fut au Ier siècle avant J.-C. membre du triumvirat avec Lépide et Octave. Il partit pour Alexandrie, rencontra la reine Cléopâtre, s'en éprit et se sépara de sa femme Octavie. Antoine perdit la tête pour la superbe souveraine, et lui livra les provinces romaines en Asie. Les Romains, indignés par cette trahison, incitèrent Octave à prendre les armes contre lui. Il fut battu et se suicida.

Fête le 17 janvier ou le 13 juin. Les saints Antoine ne manquent pas. Les plus connus sont saint Antoine le Grand, égyptien au IIIe siècle, qui vendit ses biens pour en donner le fruit aux pauvres, vécut en ermite pendant trente ans, puis fonda un monastère. Il mourut dans le désert à 106 ans. Et saint Antoine de Padoue, pauvre portugais devenu professeur de théologie en Italie, docteur de l'Église, qui mourut à 36 ans.

ANTONIN

Ce prénom est une variante d'Antoine. C'est l'empereur romain Antonin, fils adoptif d'Hadrien, au IIe siècle, qui fit passer ce prénom à la postérité. Pacifiste, infiniment respectueux de son père, il en continua l'œuvre. L'Empire romain fut à son apogée pendant son règne. Antonin revient discrètement à l'état civil depuis 2000.

Fête le 5 mai. Saint Antonin, dominicain archevêque de Florence au XVe siècle, encouragea les plus grands artistes de son temps.

ARISTIDE

Il est le plus connu des prénoms de la Grèce antique : Aristarque « le meilleur commandeur », Aristobule « le meilleur conseil », Aristophane « qui paraît le meilleur », Aristote « le meilleur ». Aristide signifie, lui, « le meilleur fils ». Un général athénien au VIe siècle avant J.-C. et un écrivain grec au IIe siècle avant J.-C. portèrent ce prénom.

Fête le 31 août. Saint Aristide, athénien au IIe siècle, se convertit après avoir lu les Évangiles.

AUGUSTE

« Vénérable » en latin, ce prénom fut d'abord un qualificatif attribué aux empereurs romains, à la suite de la décision d'Octave. Cet adjectif est ensuite devenu prénom, avec le succès qu'on lui connaît au XIXe siècle. Augustin, sa variante, est en vogue depuis les années 1990.

Fête le 29 février. Saint Auguste, missionnaire en Chine au XIXe siècle, mourut en martyr.

Aurèle

Latin, Aurèle signifie « en or ». C'est en effet un homme avisé et intègre qui prit le pouvoir à Rome au IIe siècle en succédant à son père adoptif Antonin. Bon administrateur, Marc Aurèle consacra surtout ses efforts à la défense du royaume menacé par les invasions. Philosophe, érudit, il laissa un recueil de pensées.

Fête le 20 juillet. Saint Aurèle, évêque de Carthage, fut un correspondant de saint Augustin, au Ve siècle.

Aurélien

Variante d'Aurèle, ce prénom fut lui aussi illustré dans l'Antiquité par un empereur. Aurélien eut fort à faire lorsqu'il arriva au pouvoir au IIIe siècle, car l'Empire était menacé de toutes parts. Il battit ses ennemis et se consacra à la construction d'un mur d'enceinte de Rome, dont on aperçoit encore des vestiges aujourd'hui. Il fut le premier empereur romain à être divinisé de son vivant.

Fête le 16 juin. Saint Aurélien, évêque d'Arles au VIe siècle, imposa l'apprentissage de la lecture aux moines des monastères qu'il fonda.

Camille

Les camilli étaient des enfants, garçons et filles, qui assistaient les prêtres lors des sacrifices aux dieux païens, dans la Rome antique. Ce prénom, mixte, est issu de cette appellation. Camille est aujourd'hui bien plus courant pour les filles. Il fut un prénom vedette des années 1990.

Fête le 14 juillet. Saint Camille fut infirmier au XVIe siècle à Rome.

César

Ce prénom fut d'abord le patronyme de Jules César, avant d'être un titre porté par les empereurs de Rome à sa mémoire, puis enfin un prénom, très en vogue près de la

Méditerranée. Il vient du latin « coupé ». Il est indissociable du nom de Jules César, historien, conquérant des Gaules, au Ier siècle, qui se fit élire consul à vie et installa Cléopâtre sur son trône en Égypte.

Fête le 15 avril. Saint César fut prêtre en Provence au XVIe siècle.

Claude

Ce prénom qui signifie « boiteux » en latin fut en vogue dans les années 1920. Il était déjà fréquent dans l'Antiquité, où il nomma deux empereurs romains : l'un, au Ier siècle, fut l'époux d'Agrippine, qui l'empoisonna avec un plat de champignons pour que son fils Néron lui succède ; le second vécut au IIIe siècle. Claudien en est une variante, courante elle aussi dans la Rome antique.

Fête le 15 février. Saint Claude, théologien au XVIIe siècle, fut précepteur des enfants de Colbert.

Constance

En latin, ce prénom signifie « constance ». Jadis masculin, il est devenu féminin, et s'est transformé en Constant ou Constantin pour les garçons. Ce prénom fut porté par plusieurs empereurs, dont Constance Chlore, père de Constantin le Grand.

Fête le 23 septembre. Saint Constant, sacristain en Italie au Ve siècle, accomplit des miracles.

Constantin

Variante de Constant, ce prénom apparut au IIIe siècle. Il devint un des grands prénoms de la Grèce et du monde hellénique. Constantin Ier le Grand, fils de Constance Chlore et de sainte Hélène, fut empereur romain au IVe siècle ; il fonda Constantinople, qui porte son nom ; bien que païen, il laissa aux chrétiens leur liberté de culte, contrairement à ses prédécesseurs, et se fit même baptiser quelques mois avant sa mort.

Fête le 21 mai.

DARIUS

D'étymologie latine, ce prénom signifie « celui qui donne ». Darius fut roi de Perse au Ve siècle avant J.-C. Il étendit l'Empire hérité de Cyrus, mais les Grecs le vainquirent à Marathon. Il fit construire Persépolis.

DOMITIEN

Latin, il signifie « maison ». Ce prénom courant dans l'Antiquité fut rapidement oublié. Domitien fut le frère et le successeur de Titus, à la fin du Ier siècle. Il eut le mérite de faire reconstruire Rome ravagée par des incendies successifs, et de fortifier les frontières, mais il instaura un régime absolutiste, persécuta le sénat et les chrétiens, et mourut assassiné.

Fête le 10 mars. Saint Domitien, soldat romain au IVe siècle, périt pour avoir refusé d'abjurer.

FAUSTIN

Issu du latin, il signifie « heureux ». Il est bien moins courant que son féminin Faustine.

Fête le 15 février. Saint Faustin, chrétien à Breccia en Italie, fut arrêté et supplicié.

GALLIEN

Gallien, empereur romain au IIIe siècle, prit la succession de son père Valérien. Il consacra ses efforts à la défense de l'Italie.

JOVIEN

Il signifie « jeune » en latin. Jovien fut empereur romain au IVe siècle. Il restaura les privilèges de l'Église.

Jules

Les Iulius étaient les membres d'une famille patricienne de Rome, supposée descendre d'Iule, le fils d'Énée, dont fut issu Jules César. Ce prénom se répandit dans tout le monde antique. Il fut courant au XIXe siècle, puis disparut jusqu'en 2000.

Fête le 12 avril. Saint Jules fut pape au IVe siècle.

Julien

Il est une variante de Jules, illustrée dans l'Antiquité par l'empereur Julien l'Apostat, au IVe siècle, qui abandonna la religion catholique et favorisa le paganisme. Ce prénom fut en vogue dans les années 1980.

Fête le 27 janvier. Saint Julien, prêtre romain au Ier siècle, arriva en Gaule pour prêcher ; la légende raconte qu'il planta son bâton dans le sol, un été de sécheresse, et que l'eau en jaillit. La population lui fit ovation et lui demanda de construire une église. Il fut le premier évêque du Mans.

Justin

En latin, ce prénom signifie « juste ». Il fut porté par deux empereurs byzantins au VIe siècle.

Fête le 1er juin. Saint Justin, après des études de philosophie à Rome au Ier siècle, entreprit d'expliquer l'Évangile à l'empereur Marc Aurèle. Il fut condamné au supplice.

Justinien

Dérivé de Justin, ce prénom nomma un empereur byzantin qui laissa dans l'Histoire deux marques importantes de son règne : un code législatif dit Code Justinien, et l'église Sainte-Sophie à Constantinople. Il fut très influencé par sa femme, l'impératrice Théodora.

Fête le 1er juin.

JUVENTIN

En latin, ce prénom signifie « jeune ». Il était courant dans la Rome antique.

Fête le 25 janvier. Saint Juventin se révolte contre les édits persécutant les chrétiens, à Rome, au IVe siècle; il est exécuté.

LÉONIDE

Issu du latin, il signifie « lion », comme Léon et Léonce. Sa variante, Léonidas, fut portée par le roi de Sparte, au Ve siècle avant J.-C. Il défendit la ville contre les Perses aux Thermopyles où il fut tué.

LYSANDRE

D'origine grecque, ce prénom signifie « libérateur ». Il fut porté par un général spartiate qui prit Athènes au Ve siècle avant J.-C.

MARC

En latin, il signifie « marteau ». Marcus était très courant dans la Rome antique, comme l'attestent Marc Antoine et Marc Aurèle. Aujourd'hui, c'est Marco qui est à l'honneur aussi bien en Italie qu'en France.

Fête le 25 avril. Saint Marc fut apôtre du Christ et rédacteur du deuxième Évangile.

MARIUS

Ce prénom vedette de la Provence est celui d'un général romain du Ier siècle avant J.-C. qui défendit la région d'Aix-en-Provence contre les Teutons.

Fête le 19 janvier. Saint Marius visitait les prisonniers chrétiens, à Rome, au IIe siècle; il fut condamné au supplice avec eux.

Maxence

Il est une variante de Maxime et signifie comme lui « le plus grand ». Maxence fut empereur romain au IVe siècle. Mixte, ce prénom était courant dans l'Antiquité. Il est devenu presque exclusivement masculin aujourd'hui, et commence à revivre.

Fête le 20 novembre. Sainte Maxence établie ermite en Gaule est assassinée par des païens qu'elle cherche à convertir dans un village nommé depuis Pont-Sainte-Maxence.

Maxime

« Le plus grand » en latin, Maxime est la forme moderne de deux prénoms courants dans l'Antiquité, Maximin et Maximien. Maximin prénomma deux empereurs romains du IIIe et du IVe siècle qui persécutèrent les chrétiens. Maximien fut associé au trône par Dioclétien, au IIIe siècle. Maxime fut en France un des favoris des années 1980. Maximilien, une de ses variantes, est prisé des milieux chic.

Fête le 14 avril. Saint Maxime le Confesseur fut le conseiller de l'empereur à Constantinople, au VIe siècle. Il le quitta pour aller prêcher en Afrique du Nord, et fut condamné.

Octave

« Huitième » en latin, Octave est un prénom qui fut courant dans l'Antiquité. Héritier de Jules César, Octave forma, à Rome au Ier siècle avant J.-C., le premier triumvirat. Il évinça rapidement Lépide et battit Marc Antoine. Seul maître de l'Empire, il se fit nommer « auguste », c'est-à-dire « vénérable ». Son œuvre fut importante ; il conquit de nouveaux territoires, réorganisa l'administration, fit bâtir temples et monuments. Les poètes Virgile,

Horace, Tite-Live vantèrent ses talents et sa beauté. À sa mort, il fut divinisé.

Fête le 20 novembre. Saint Octave, légionnaire romain au IVe siècle, refusa d'abjurer ; il fut assassiné.

QUENTIN

Ce prénom très actuel est la forme moderne de Quintilien, qui signifie en latin « cinquième ».

Fête le 31 octobre. Saint Quentin, né à Rome au IIIe siècle, devient prêtre et missionnaire en Gaule. Il subit les persécutions de l'empereur Maximien.

SEPTIME

Il est en latin le « septième ». Septime Sévère fut empereur romain à la fin du IIe siècle. Il régna en monarque absolu.

SIXTE

En latin, il est le « sixième ». Ce prénom fut porté par de nombreux papes de la chrétienté, aux XVe et XVIe siècles.

Fête le 3 avril. Saint Sixte, pape au début du IIe siècle, fut martyrisé sur ordre de l'empereur Hadrien.

TIBÈRE

Ce prénom signifie « de la famille Tiberius », famille patricienne renommée à Rome au Ier siècle. Tibère fut au Ier siècle un empereur qui succéda à Auguste, son père adoptif, et qui fit régner la terreur. Malade, il se retira à Capri, laissant les affaires de l'Empire au préfet du prétoire.

Fête le 10 novembre. Saint Tibère fut martyr en Gaule près d'Agde au IVe siècle.

TIBURCE

Ce prénom signifie « originaire de Tibur ». Cette ville des environs de Rome est devenue Tivoli.

Fête le 14 avril. Saint Tiburce fut converti par son frère Valérien, à Rome, au IIe siècle. Avec lui, il donnait une sépulture aux martyrs chrétiens. Avec lui, il fut condamné au supplice.

Valère

Il signifie « valeureux » en latin. Valère Maxime fut un historien au Ier siècle; il composa une compilation d'anecdotes morales dédiées à l'empereur Tibère.

Fête le 29 janvier. Saint Valère fut évêque de Saragosse en Espagne au IVe siècle.

Valérien

Variante de Valère, ce prénom signifie lui aussi « valeureux ». Empereur romain au IIIe siècle, il se distingua par la violence de ses persécutions envers les chrétiens. Il fut vaincu par les Perses.

Fête le 14 avril. Patricien à Rome au IIe siècle, Valérien se convertit et ensevelit les corps des chrétiens martyrs, ce qui était condamné par un décret impérial; il fut dénoncé et exécuté.

Victor

Le mot « victor » est en latin un adjectif qui signifie « victorieux ». Aussi ce terme accompagnait-il souvent le nom des généraux romains à l'issue de leurs batailles. Le qualificatif est devenu prénom. Victor a connu le succès au XIXe siècle, et depuis les années 1980.

Fête le 21 juillet. Saint Victor, soldat sous le règne de Maximien au IIIe siècle, refusa d'adorer les statues des dieux, il fut décapité.

FILLES

AGRIPPINE

La famille Agrippa était à Rome, au Ier siècle avant J.-C., une famille patricienne renommée. Ce patronyme devint prénom et fut porté par plusieurs femmes de la famille impériale à Rome : Agrippine l'Aînée, mère de Caligula et d'Agrippine la Jeune. Celle-ci, mère de Néron, épousa en troisièmes noces l'empereur Claude, son oncle, et l'empoisonna pour placer son fils sur le trône. Mais Néron, peu reconnaissant, fit assassiner sa mère.

Fête le 8 août. Saint Agrippin fut évêque d'Autun au VIe siècle.

BALBINE

Ce prénom signifie « bègue » en latin. Il était fréquent dans l'Antiquité à Rome.

Fête le 31 mars. Sainte Balbine fit vœu de chasteté et de pauvreté à la mort de son père victime des persécutions, au IIe siècle. Elle fut arrêtée à son tour un peu plus tard.

CAMILLE

À l'origine, ce prénom était mixte. Il désignait les filles et les garçons qui assistaient les prêtres lors des sacrifices aux dieux païens, dans la Rome antique. Camille est aujourd'hui bien plus courant pour les filles. Il fut un prénom vedette des années 1990.

Fête le 14 juillet. Saint Camille fut infirmier au XVIe siècle à Rome.

CLÉOPÂTRE

Qui ne connaît cette reine d'Égypte dont la beauté séduisit César et fit tourner la tête d'Antoine, au Ier siècle avant

J.-C. ? Son armée fut défaite à Actium, mettant fin à sa puissance. Elle se suicida en se faisant mordre par un serpent. Avec elle s'éteignit la dynastie des Lagides. Ce prénom fut porté par six autres reines d'Égypte beaucoup plus discrètes. Son diminutif Cléo est en vogue depuis les années 1990.

CORNÉLIA

Ce prénom signifie « corneille » en latin. Il fut porté par plusieurs femmes du monde antique : la femme de Pompée, la femme de Jules César, la fille de Scipion l'Africain, mère des Gracques, qui représentait pour ses contemporains l'idéal de la femme romaine.

Fête le 16 septembre. Saint Corneille, pape au IIIe siècle, est son patron.

FAUSTINE

En latin, ce prénom signifie « heureuse ». Courant dans la Rome antique, il fut porté par deux épouses d'empereurs dont la popularité fut telle qu'elles furent divinisées après leur mort : Faustine l'Ancienne, femme d'Antonin, et sa fille Faustine la Jeune, femme de Marc Aurèle.

Fête le 15 janvier. Sainte Faustine passa sa vie en prière et en méditation au VIe siècle, en Italie.

FLAVIE

En latin, Flavie signifie « blonde ». Ce prénom fut courant dans la Rome antique. Après avoir complètement disparu pendant des siècles, il revient discrètement.

Fête le 24 février. Saint Flavien fut diacre et martyr au IIIe siècle à Carthage.

JULIE et JULIA

Comme Jules, elle signifie « de la famille Iulius ». Julia fut le nom de plusieurs princesses du monde antique. Julie fille d'Auguste fut au Ier siècle la femme d'Agrippa et ensuite de Tibère, et la grand-mère de Caligula. Elle fut exilée. Julia Domna fut la femme de Septime Sévère au IIe siècle.

Julie fut en vogue au XIXe siècle, puis, après avoir disparu, ce prénom connut à nouveau le succès dans les années 1980. Julia et Juliette sont plus présentes aujourd'hui.

Fête le 8 avril. Sainte Julie, jeune paralysée en Picardie au XIXe siècle, fonda une institution pour l'éducation des jeunes filles pauvres.

LAVINIA

Dans la mythologie romaine, Lavinia est la femme d'Énée, et de cette union naquit le peuple romain.

LIVIA

La famille Livius était patricienne et célèbre à Rome au Ier siècle avant J.-C. Ce prénom en est issu. Livia fut la femme d'Auguste, au Ier siècle ; elle avait eu d'un précédent mariage Tibère qu'elle fit adopter par son mari.

Fête le 13 novembre. Sainte Livia, religieuse en Italie au XIXe siècle, fut assassinée par un des malades qu'elle soignait.

MESSALINE

Ce prénom signifie « de la famille Messala ». Femme de l'empereur Claude, Messaline eut une vie très dissolue et mourut assassinée.

Fête le 23 janvier. Sainte Messaline visita saint Félicien, emprisonné par les hommes de l'empereur Dèce au IIIe siècle ; elle fut arrêtée et condamnée au supplice elle aussi.

OCTAVIE

Ce prénom fut porté par deux femmes d'empereurs romains au Ier siècle : l'une, sœur d'Auguste, épousa Marc Antoine qui la répudia pour Cléopâtre, la seconde, fille de l'empereur Claude et de Messaline, épousa Néron qui la répudia aussi pour épouser Poppée. Le diminutif Occia était aussi usité dans le monde antique.

PRÉNOMS MÉDIÉVAUX

Le Moyen Âge recouvre une période très longue, de l'an 476 à la découverte de l'Amérique en 1492. Pendant ce millénaire, certains prénoms ont évolué : ainsi Clovis devint Aloys, puis Louis. C'est en « fréquentant » la cour des rois de France et des dignitaires du royaume mais aussi en consultant les archives que nous rencontrons « Arnout le pescheur » ou « Ysabelot la chambrière », et que nous découvrons les prénoms en vogue à cette époque. La plupart des prénoms du haut Moyen Âge ont une origine germanique et l'âme guerrière. Ceux qui apparaissent plus tard, à l'aube de la Renaissance, ont plus souvent des étymologies latines ou grecques.

GARÇONS

ADENET et ADENOT

Formes médiévales d'Adam, ces prénoms étaient courants au Moyen Âge. Un trouvère brabançon, Adenet dit le Roi, composa *Berthe au grand pied*, hymne à la reine Bertrade, femme de Pépin le Bref et mère de Charlemagne, qui vécut au VIIIe siècle.

Adhémar

On le nomme aussi Aldemar, qui signifie en allemand « noble et célèbre ». Ce prénom est rare, et se donne souvent par tradition familiale.

Fête le 24 mars. Saint Aldemar fut moine bénédictin en Italie au XIe siècle.

Aleaume

Ce prénom, qui signifie « casque », a une étymologie et une sonorité proches de Guillaume, mais il est beaucoup plus rare.

Fête le 30 janvier. Saint Aleaume fonda une abbaye en Espagne au XIe siècle.

Aloys

Ce prénom est une des formes initiales de Louis qui signifie « glorieux combattant ». Il est apparu au Moyen Âge, avec ses diminutifs Loys et Loyset, et se portait encore au XVIIIe siècle. La forme germanique Aloysius était très répandue en Allemagne.

Fête le 25 août. Saint Louis, roi de France, est son patron.

Amaury

Il est une forme de Maur, qui signifie « mauresque ». On l'associe aux croisades, lorsque ce prénom s'orthographiait Amauri ou Amaurri. Il fut illustré par deux rois de Jérusalem au XIIe siècle.

Fête le 15 janvier. Saint Maur, collaborateur de saint Benoît au VIe siècle, est son patron.

Ambroise

Ce prénom se répandit au Moyen Âge et s'épanouit à la Renaissance. D'origine grecque, il signifie « immortel ».

Fête le 7 décembre. Saint Ambroise, théologien, évêque italien au IVe siècle, fut docteur de l'Église.

Amédée

Ce prénom fut célèbre au XIVe siècle : il prénomma plusieurs ducs de Savoie, et reste encore aujourd'hui un prénom traditionnel dans certaines familles. Il signifie « aimé de Dieu ». Sa forme germanique Amadeus était courante en Allemagne au XVIe siècle.

Fête le 30 mars. Saint Amédée, duc de Piémont et Savoie, époux de la sœur de Louis XI, consacra son règne à secourir les pauvres.

Arnaud

Il est, selon son étymologie germanique, « l'aigle qui gouverne ». Ce prénom s'orthographiait parfois Arnold, Arnout, Ernault, Ernout. Courant au Moyen Âge, il a disparu dès la Renaissance, puis est devenu un grand classique depuis les années 1950. Aujourd'hui, on rencontre aussi Arno.

Fête le 10 février. Saint Arnaud, moine bénédictin au XIIIe siècle à Padoue, meurt en détention.

Arthur

Ce prénom celte signifie « ours ». Il fut illustré par un chef britannique qui anima la résistance victorieuse des Celtes de Grande-Bretagne à la fin du Ve siècle. Il est un des favoris depuis 1990.

Fête le 15 novembre. Saint Arthur, moine en Grande-Bretagne, soupçonné par le roi Henri VIII de desservir ses intérêts, fut exécuté.

Ascelin

Il est la forme médiévale d'Anselme, germanique, qui signifie « protégé du dieu Ans ».

Fête le 21 avril. Saint Anselme, italien de naissance, devint archevêque de Canterbury au XIIe siècle.

Aubéri

Ce prénom est une forme dérivée d'Aubert, variante d'Albert, prénom d'origine germanique qui signifie « très illustre ». Il était courant du VIe au XIIIe siècle.

Fête le 13 décembre. Saint Aubert, ermite dans le nord de la France au VIIe siècle, devint évêque de Cambrai.

Aymar

Ce prénom signifie « illustre maison ». Après une courte apparition au XIXe siècle, il a presque disparu aujourd'hui.

Fête le 29 mai. Saint Aymar fut massacré par les albigeois au XIIIe siècle.

Aymeric

Il s'orthographie aussi plus simplement Émeric, et signifie « maison du roi ». Sa vogue est discrète, mais il est toujours présent.

Fête le 4 novembre. Saint Aymeric, fils de saint Étienne, fondateur du royaume de Hongrie, consacra sa vie à faire la charité.

Baudouin

Ce prénom qui signifie « audacieux ami » était courant dès le XIIe siècle ; on le rencontre assez souvent parmi les croisés, et il fut porté par plusieurs empereurs de Constantinople et rois de Jérusalem. C'est en Flandre qu'il eut le plus grand succès. Audouin était aussi très courant.

Fête le 17 octobre. Saint Baudouin fut assassiné par le maire du palais au VIIe siècle.

Béranger

Il est la « lance de l'ours », selon son étymologie germanique.

Fête le 26 mai. Saint Béranger fut moine bénédictin au XIe siècle.

Bertrand

Ce prénom chevaleresque, rendu célèbre par Du Guesclin, connétable de France au XIVe siècle, a été très présent à l'état civil pendant la seconde moitié du XXe siècle. Il est plus rare aujourd'hui. Germanique, il signifie « illustre corbeau ». Au Moyen Âge, il s'écrivait aussi Bertran ou Bertrant.

Fête le 6 septembre. Saint Bertrand, disciple de saint Dominique, consacra sa fortune à la création de monastères.

Carloman

Ce prénom, qui signifie « homme fort », fut porté par plusieurs rois francs aux VIIe et VIIIe siècles : le fils cadet de Charles Martel et le frère cadet de Charlemagne, ainsi que le fils de Louis II le Bègue.

Fête le 17 août. Saint Carloman, fils de Charles Martel, administra l'Austrasie avant de se retirer dans un monastère.

Childebert

Nous continuons notre promenade dans le haut Moyen Âge avec ce prénom qui signifie « illustre combat ». Il a été porté par un fils de Clovis et Clotilde au VIe siècle et par deux autres rois francs.

Childéric

Ce roi païen fut le père de Clovis. Deux autres rois mérovingiens portèrent également ce prénom au VIIIe siècle. Selon son étymologie germanique, il signifie « combat du roi ».

Clodoald

Il fut un prince mérovingien, bien plus soucieux du salut de son âme que des luttes de pouvoir entre les membres de sa famille. Petit-fils de Clovis, il fonda un monastère aux environs de Paris, dans un lieu qui porte aujourd'hui le nom de Saint-Cloud. Ce prénom signifie « ancienne gloire ».

Fête le 7 septembre.

Clodomir

Nous voici encore dans la descendance de Clovis. Clodomir fut son fils aîné; il fut tué en combattant les Burgondes. Ce prénom signifie « illustre gloire ».

Clotaire

Il fut lui aussi un des fils de Clovis et Clotilde. Pour régner sans partage, il fit périr les fils de son frère Clodomir mort au combat.

Fête le 7 avril. Saint Clotaire fut abbé en Champagne au VIIIe siècle.

Clovis

Voici la forme originelle de Louis. La signification de ce prénom, « glorieux combattant », sied très bien à Clovis, vainqueur des Burgondes, des Alamans et des Wisigoths.

Premier roi des Francs, barbare et catholique, il reçut le baptême de saint Remi à la fin du Ve siècle.

Édouard

Ce prénom d'origine germanique qui signifie « gardien des richesses » était particulièrement courant en Grande-Bretagne, dès le XIIIe siècle. Il nomma plusieurs souverains, et il est encore aujourd'hui un prénom traditionnel outre-Manche. Il apparut en France à la fin du XIXe siècle et connut une grande vague de succès dans les années 1980.

Fête le 5 janvier. Saint Édouard le Confesseur fut roi d'Angleterre au XIe siècle.

Éloi

Évêque de Noyon et trésorier du roi Dagobert, au VIe siècle, il est le célèbre patron des orfèvres. D'origine latine, ce prénom signifie « élu ».

Fête le 1er décembre. Saint Éloi fut orfèvre, puis trésorier du roi Dagobert. À la mort du souverain, il se fit prêtre et consacra sa fortune à la construction de monastères et d'hôpitaux.

Enguerrand

« Ange et corbeau » selon son étymologie germanique, Angilran se transforma en Engerand, Engerran, puis en Enguerrand. Ce prénom, qui fut connu dès le VIIe siècle, se rencontre encore fréquemment au XIIIe siècle, puis disparaît presque complètement.

Fête le 28 octobre. Saint Engerand fut conseiller de Charlemagne.

Érasme

Ce prénom d'origine grecque qui signifie gracieux est apparu en France au IIIe siècle, mais c'est au Moyen Âge qu'il semble avoir été le plus populaire.

Fête le 2 juin. Saint Érasme fut évêque et martyr en Italie au IIIe siècle.

Étienne

D'origine grecque, Étienne, qui a la même étymologie que Stéphane, signifie « couronné ».

Ce prénom fut courant dès le Xe siècle dans les pays d'Europe de l'Est.

Fête le 26 décembre. Plusieurs saints illustrent ce prénom : Étienne diacre à Jérusalem au Ier siècle fut le premier martyr chrétien. Étienne roi et évangélisateur de la Pologne au Xe siècle, et Étienne pape au VIIIe siècle.

Eudes

Germanique, ce prénom signifie « richesse ». Rare, il nomma un seul roi de France, qui régna dix années au IXe siècle.

Fête le 19 novembre. Saint Eudes fut un abbé discret au VIIIe siècle dans le Velay.

Évrard

Éberhard signifie en allemand « dur sanglier ». C'est sa forme dérivée Évrard qui fut préférée, en France, dès le XIIe siècle.

Fête le 24 octobre. Saint Évrard fut évêque de Salzbourg au XIIe siècle.

Foucault

Prénom germanique qui signifie « peuple », il était courant entre le IXe et le XIIIe siècle, et prénomma plusieurs comtes d'Anjou. Il avait à cette époque plusieurs orthographes : Foucaut, Fouquaut, Fouques et Foulques.

Fête le 10 juin. Saint Foulques fut évêque de Reims et conseiller du roi Charles le Simple au IXe siècle.

Galeran

Il est la forme francisée d'un très vieux prénom germanique, Walram, qui signifie « corbeau étranger ». Galeran était courant entre le VIIe et le XIIIe siècle.

Fête le 26 février. Saint Galeran, serrurier lyonnais au VIIe siècle, termina sa vie dans un monastère.

Gaston

Ce prénom connut le succès au début du XXe siècle. Mais c'est dès le XIVe siècle que Gaston fut célèbre, grâce au comte de Foix qui entretenait une cour fastueuse et lettrée à Orthez. D'origine germanique, Gaston signifie « hôte ».

Fête le 6 février. Saint Gaston apprit le catéchisme à Clovis et devint évêque d'Arras, au VIe siècle.

GAUCHER

Il est une forme francisée de Walter, d'origine germanique, qui signifie « celui qui gouverne l'armée ». Ce prénom fut courant au XIIIe siècle et disparut presque complètement par la suite.

Fête le 9 avril. Saint Gaucher fonda une abbaye dans le Limousin au XIIe siècle.

GAUTIER

Comme Gaucher, Gautier est un dérivé de Walter. Mais après le Moyen Âge, il a connu une nouvelle vague de succès dans les années 1950. Il s'écrit aussi Gauthier ou encore Gaultier. Gautier de Coincy est l'auteur des *Miracles de Notre-Dame* au XIIIe siècle.

Fête le 9 avril. Saint Gauthier fut abbé de Saint-Martin-de-Pontoise au XIe siècle.

GÉRAUD

Il fut en vogue pendant le haut Moyen Âge.

Fête le 13 octobre. Saint Géraud comte d'Aurillac fut un chevalier plein de bonté et de charité au IXe siècle.

GERMAIN

Ce prénom apparut dès le Ve siècle. Il s'est effacé dès la Renaissance, puis, après une brève apparition au début du XXe siècle, il a disparu à nouveau. Il signifie « de même sang »; c'est la raison pour laquelle on parle de cousins germains dans la langue actuelle.

Fête le 31 juillet. Saint Germain l'Auxerrois combattit les hérétiques en Angleterre au Ve siècle.

Ghislain

Il est, selon son étymologie germanique, un « doux otage ».

Fête le 10 octobre. Saint Ghislain fonda un monastère en Belgique au VIIe siècle.

Gilles

Il semble moderne, mais il a une longue histoire. Courant au Moyen Âge, il se déclinait en Gilet ou Gillot. D'origine grecque, il signifie « protection ». Gilles de Rais, compagnon de Jeanne d'Arc, maréchal de France, avait l'étoffe d'un héros; hélas, retiré dans ses terres à son retour de guerre, il devint pédophile et assassin.

Fête le 1er septembre. Saint Gilles, athénien de naissance, fut ermite en Provence, puis premier abbé d'un monastère sur la route des pèlerins de Saint-Jacques-de-Compostelle.

Godefroy

Godefroi de Bouillon fut un des chefs de la première croisade, et le fondateur du royaume de Jérusalem, au XIe siècle. Ce prénom évolua en Geffroi, Geoffroy, Geoffrey, Joffrey, Jeffrey au cours des siècles. Godefroi, d'origine germanique, signifie « paix de Dieu ».

Fête le 15 janvier. Saint Godefroy fut prieur de l'abbaye de Clairvaux au XIIe siècle.

Gontran

D'origine germanique, ce prénom qui signifie « guerre et corbeau » a disparu aujourd'hui.

Fête le 28 mars. Saint Gontran, petit-fils de Clovis, roi de Bourgogne au VIe siècle, favorisa la diffusion du christianisme dans son royaume.

Grégoire

Il est un des grands prénoms de la chrétienté, tant chez les catholiques que les orthodoxes.

Fréquent dans les pays slaves au IVe siècle et en France dès le Ve siècle, Grégoire fut en vogue dans les années 1990, surtout sous sa forme anglo-saxonne Grégory.

Grégoire évêque de Tours rédigea au VIe siècle une chronique de la vie politique de la Gaule à cette époque, *l'Histoire des Francs.*

Fête le 3 septembre. Saint Grégoire fut pape au VIIe siècle. Bon administrateur, excellent négociateur, artiste (il créa le chant grégorien), il fut nommé docteur de l'Église.

Guillaume

Ce prénom qui signifie « volonté et protection » a été un grand classique médiéval avant de devenir un grand classique contemporain.

Ses variantes et ses diminutifs médiévaux sont nombreux: Guillemin, Guillot, Guillermot, Guillotin, Guimart... qui sont devenus par la suite des patronymes courants. William pour les Anglo-Saxons, Wilhelm pour les Germaniques, Guillermo pour les Ibères, il est partout un grand favori. Aujourd'hui, c'est sa forme irlandaise Liam qui se propage en Europe.

De nombreux souverains portèrent le prénom de Guillaume, en Angleterre, en Allemagne, en Hollande dès le XIe siècle, ainsi que plusieurs poètes et chroniqueurs des XIIe et XIIIe siècles. Parmi eux Guillaume le Conquérant, fils naturel du duc de Normandie et de la fille d'un pelletier de Falaise. Il est reconnu par son père et lui succède, mais on le nomme « le bâtard » et on refuse son autorité. Il s'imposera par la force, et après avoir pris le trône d'Angleterre, vaincra les Écossais et les Gallois.

Fête le 10 janvier. Saint Guillaume fut archevêque de Bourges au XIIIe siècle.

Hugues

Le roi Hugues Capet fonda la lignée des Capétiens au Xe siècle et, par ses alliances et par la force, agrandit le royaume qui se limitait alors à l'Île-de-France. Ce prénom, qui signifie « intelligence », se raréfia après le Moyen Âge. Sa forme dérivée Hugo battit les records de popularité entre 1990 et 2000.

Fête le 1er avril. Saint Hugues dirigea l'abbaye de Cluny au XIe siècle.

Jehan

Il est la forme médiévale de Jean. Comme bien des prénoms courants, il avait de nombreuses variantes : Jehannequin, Jehannet, Jehanson… Le premier souverain de France qui porta le nom de Jean ne vécut que quelques jours, le second, Jean II le Bon, fut capturé par le Prince Noir pendant la guerre de Cent Ans. Jean de Meung, écrivain du XIIIe siècle, fut l'auteur de la seconde partie du *Roman de la Rose.*

Fête le 24 juin. Saint Jean fut apôtre du Christ.

Lambert

« Terre illustre », selon son étymologie germanique, Lambert fut beaucoup porté dès le IXe siècle. On rencontrait aussi Lambequin et Lambelin. Lambert réapparaît aujourd'hui.

Fête le 17 septembre. Saint Lambert fut évêque de Maastricht au VIIe siècle.

Landry

Proche de Lambert, ce prénom qui signifie « puissante terre » a presque totalement disparu.

Fête le 10 juin. Saint Landry fut évêque de Paris au VIIe siècle.

LOTHAIRE

Ce prénom est une forme dérivée de Clotaire. Fils de Louis IV, il fut roi de France au Xe siècle. Ce prénom fut aussi celui de plusieurs empereurs d'Occident.

Fête le 7 avril. Saint Clotaire est son patron.

ODILON

Ce masculin d'Odile qui signifie « richesse » était souvent porté au Moyen Âge.

Fête le 4 janvier. Saint Odilon, cinquième abbé de Cluny au début du XIe siècle, fut le chef de la chrétienté médiévale et institua la fête des Morts le 2 novembre.

OLIER

Cette forme médiévale d'Olivier est encore en vigueur en Bretagne aujourd'hui.

Fête le 12 juillet. Saint Olivier, prêtre irlandais au XVIIe siècle, fut victime de calomnies et pendu.

PÉPIN

Sans doute Pépin le Bref était-il petit, mais il fit beaucoup parler de lui. Fils de Charles Martel, il devint roi des Francs au VIIIe siècle, combattit ses voisins et agrandit son royaume qui fut partagé à sa mort entre ses deux fils Carloman et Charlemagne.

RAOUL

Cette forme dérivée de Rodolphe, qui signifie « conseil du loup », était traditionnelle en Bourgogne au Moyen Âge. On rencontrait aussi Randoul, Raolin, Raoulet, Raoulin.

Raoul fut roi de France au Xe siècle ; son règne dura dix ans et il s'éteignit sans descendance directe.

Fête le 7 juillet. Saint Raoul fut pendu le jour de sa conversion, en Angleterre, au XVIe siècle.

RENAUD

Reginald est un prénom germanique très ancien qui donna naissance à plusieurs variantes. Renaud est la plus ancienne. Il signifie « conseil du gouverneur ». Ce prénom fut à l'honneur au Moyen Âge, et lui-même eut de nombreuses variantes qui devinrent patronymes au fil des âges : Renaudet, Renaudin, Renout, Renourt, Renier…

Fête le 17 septembre. Saint Renaud, moine champenois au XIIe siècle, termina sa vie en ermite.

ROGER

« Lance glorieuse », ce prénom est germanique. Au Moyen Âge, il se déclinait en Rogerin, Roguelin et Rogier.

Fête le 30 septembre. Saint Roger fut évêque en Italie au XIIe siècle.

RICHARD

Richard Cœur de Lion fut roi d'Angleterre et s'allia avec le roi de France Philippe Auguste pour mener la troisième croisade au XIIe siècle. Mais les alliés se fâchent, Richard s'attaque à Philippe et meurt au combat. Ce prénom signifie « roi fort », selon son étymologie germanique.

Fête le 3 avril. Saint Richard fut évêque en Angleterre au XIIIe siècle.

ROBERT

On a beaucoup entendu parler de Robert dans les années 1920-1930, puis il fut complètement oublié. Or Robert nomma plusieurs comtes d'Artois, un roi de France au IXe siècle et plusieurs ducs de Normandie au XIe siècle. Il signifie « gloire illustre ». Aujourd'hui, c'est Robin qui est en vogue.

Fête le 17 septembre. Saint Robert Bellarmin, théologien au XVIe siècle, fut docteur de l'Église.

ROBIN

Ce prénom dérivé de Robert est en vogue depuis 1990. Il était connu en Angleterre dès le haut Moyen Âge et fut un héros de légende.

Rendez-vous page 280.

ROLAND

Neveu de Charlemagne, Roland combattit les sarrasins dans les Pyrénées au VIIIe siècle. Trahi et mortellement blessé, il réussit à prévenir l'armée du piège tendu en sonnant de l'olifant. Ce prénom d'origine germanique signifie « terre de gloire ».

Fête le 15 septembre. Saint Roland fut ermite en Italie au XIVe siècle.

TANCRÈDE

Ce prénom, qui signifie « pensée », n'a jamais été courant. Il est une forme francisée de Dankrad, prénom scandinave. Il fut illustré par un prince de Galilée et d'Antioche, au XIIe siècle.

THIBAUD

Ce prénom fut porté par plusieurs comtes de Champagne du XIIIe siècle. Sa forme originelle est Théodebald, ce qui signifie « dieu audacieux ». Ses variantes médiévales donnèrent naissance à de nombreux patronymes actuels : Thibaudin, Thibaudon, Tibost…

Fête le 8 juillet. Saint Thibaud de Montmorency fut un conseiller de Saint Louis.

Thierry

Quatre rois francs portant ce prénom occupèrent le trône entre le VIe et le VIIIe siècle. Au Moyen Âge, il s'orthographiait Thierri. Germanique, il signifie « peuple fort ».

Fête le 1er juillet. Saint Thierry fonda un monastère en Champagne sur le conseil de saint Remi, au VIe siècle.

Yvain

Ce prénom est la forme médiévale d'Yves, qui fut illustrée dans la littérature chevaleresque.

Rendez-vous pages 29 et 282.

Filles

Aalis

Ce prénom est une variante d'Adèle, qui signifie « noble », et qui annonce les modernes Alice et Alix. On rencontrait parfois déjà Alison au XIIIe siècle.

Fête le 9 janvier. Sainte Alix, fondatrice d'une institution pour l'éducation des jeunes filles pauvres dans les Vosges au XVIe siècle, est sa patronne.

Adélaïde

Ce prénom, qui signifie « noble », est une variante d'Adèle. Il a connu deux vagues de succès : le Moyen Âge, et le XIXe siècle ; ce début de XXIe siècle s'annonce bien pour lui. Il fut à l'honneur pendant plus de deux siècles puisque quatre reines de France le portèrent entre le IXe et le XIIe siècle : la femme de Louis le Bègue, puis Adélaïde d'Anjou, femme de Louis V, qui fut la dernière reine carolingienne, Adélaïde d'Aquitaine qui épousa Hugues Capet et fut ainsi la première reine capétienne, et enfin Adélaïde de Savoie, femme de Louis VI le Gros.

Aliette et Alise sont des formes dérivées rares.

Fête le 16 décembre. Sainte Adélaïde, veuve du roi d'Italie Lothaire, puis de l'empereur d'Allemagne Othon, assura la régence de son fils puis de son petit-fils et se retira dans un monastère.

ALIÉNOR

Ce prénom, forme occitane d'Éléonore, fut illustré par Aliénor d'Aquitaine, portrait même de l'ambition. Douée pour les arts, séduisante et raffinée, assoiffée de pouvoir et de richesse, cette princesse épouse le roi de France Louis VII. Mais elle fait de l'ombre à son époux qui fait annuler le mariage. Aliénor épouse deux mois plus tard le roi d'Angleterre Henri Plantagenêt, lui apportant en dot tout le sud-ouest de la France. Aliénor eut deux fils, Richard Cœur de Lion et Jean sans Terre.

Fête le 25 juin. Sainte Éléonore est sa patronne.

ADELINE

Tout comme son diminutif Aline, ce prénom qu'on croit moderne date en fait du Moyen Âge. Il est lui aussi l'un des nombreux dérivés d'Adèle. Il avait pour variante Ameline.

Fête le 20 octobre. Sainte Adeline fut abbesse en Normandie au XIIe siècle.

ALOYSE

Forme primitive de Louise comme Éloïse, ce prénom s'orthographie aussi Aloïse.

Fête le 15 mars. Sainte Louise de Marillac, fondatrice avec saint Vincent de Paul de l'ordre des Filles de la Charité, est sa patronne.

Bathilde

D'origine germanique, ce prénom signifie « audacieux combat ». Beaudour en est une variante. L'histoire de Bathilde, reine de France au VIIe siècle, tient de la légende. Enlevée par des pirates en Angleterre, elle fut vendue au maire du palais de Neustrie. Clovis II remarqua sa beauté et l'épousa. Mais le roi mourut, la laissant avec trois fils mineurs ; elle assura la régence et se retira dans un monastère qu'elle avait fondé.

Fête le 30 janvier.

Béatrice

En latin, elle est « heureuse ». Béatrice naquit à la Renaissance, mais c'est sa forme originelle Bietris, ou Bietrix, qui fut en vogue au Moyen Âge.

Fête le 13 février. Sainte Béatrice fonda un monastère dans la Drôme au XIIIe siècle.

Berthe

Courant au XIXe siècle, ce prénom date du Moyen Âge. Il a été porté par deux reines de France. Berthe, d'origine germanique, signifie « illustre ».

Fête le 4 juillet. Sainte Berthe fonda un monastère sur ses terres et s'y retira, au VIIIe siècle.

Bertrade

Féminin de Bertrand, qui signifie « illustre corbeau », ce prénom a disparu aujourd'hui, tout comme Bertrande. Bertrade fut l'épouse de Pépin le Bref et la mère de Charlemagne. L'époque étant fervente des sobriquets, on la surnommait « Berthe au grand pied ». Prénom de la même veine, Bertrude, qui signifie « vérité illustre », fut porté par la mère du roi Dagobert, au VIe siècle.

Fête le 6 septembre. Saint Bertrand est leur patron.

Blanche

Ce prénom d'origine latine fut répandu à la cour de France : Blanche de Castille, mère de Saint Louis, l'illustra de façon plus éclatante que Blanche de Bourgogne et Blanche de Navarre. Blanche disparut à la Renaissance et, comme de nombreux prénoms médiévaux, réapparut au XIXe siècle.

Fête le 3 octobre. Sainte Blanche fut martyre au IIIe siècle à Rome.

Brunehaut

Ce prénom est la forme francisée de Brunehild, qui signifie « bouclier de combat ».

Les conflits familiaux de Brunehaut, femme du roi franc Sigebert, avec la concubine de son beau-frère, Frédégonde, ont transmis ce prénom à la postérité. La lutte fratricide fut sans merci et la malheureuse Brunehaut périt massacrée. Pour certains, elle fut une reine sage, avisée et chrétienne, pour d'autres, une femme débauchée et cruelle. Ce sont les paradoxes de l'Histoire.

Clotilde

La femme de Clovis fit beaucoup pour la renommée de ce prénom ! Cette princesse burgonde, belle, douce et chrétienne épousa Clovis, roi franc païen. Elle lui donna cinq enfants et le convertit, faisant ainsi du royaume franc une nation catholique. Ce couple fut uni et sage dans une époque barbare.

Clotilde est de retour, après la grande vogue de Mathilde dans les années 1990.

Fête le 4 juin.

Clémence

Issu du latin, ce prénom signifie « clément ». Il est aujourd'hui tout aussi apprécié que son masculin Clément.

Clémence de Hongrie, fille de Clémence de Habsbourg et femme de Louis X le Hutin, fut reine de France pendant moins d'un an.

Fête le 21 mars. Sainte Clémence fut bénédictine au XIIe siècle en Allemagne.

Éléonore

Ce prénom du XIIe siècle s'est effacé avec le Moyen Âge. Le XXe siècle l'accueille, ainsi que ses variantes régionales, l'occitane Aliénor et la bretonne Aénor. Léonore, Nora se rencontrent aussi.

Fête le 25 juin. Sainte Éléonore, belle-sœur de Saint Louis, fut reine d'Angleterre. Régente généreuse mais inconséquente et maladroite, elle se retira dans un monastère au grand soulagement de la noblesse anglaise.

Éloïse

Elle est la forme médiévale de Louise. La renommée de ce prénom est liée à la légende d'Abélard et Éloïse, au XIIe siècle. Élevée par son oncle chanoine, Éloïse aurait reçu pour précepteur Abélard, philosophe et théologien réputé. Séduite par son maître, elle aurait conçu un enfant. Le chanoine furieux fait émasculer Abélard qui se retire dans un couvent, tout comme Éloïse. Ils ne se revirent jamais, mais s'écrivirent jusqu'à leur mort. Éloïse s'écrit aussi Héloïse.

Fête le 25 mars. Sainte Louise Marillac, fondatrice de l'ordre des Filles de la Charité avec saint Vincent de Paul, est sa patronne.

Emma

La vogue actuelle de ce prénom nous fait parfois oublier qu'il existait déjà au Moyen Âge. Deux reines de France le portèrent au Xe siècle, femmes de Raoul et de Lothaire. Emma, d'origine germanique, signifie « puissante ».

Fête le 19 avril. Sainte Emma fit construire églises et monastères en Rhénanie au XIe siècle.

EUDELINE

Conjugaison du masculin Eudes et d'Adeline, Eudeline fut un prénom courant au Moyen Âge. On rencontrait aussi Édeline.

Fête le 19 novembre avec Eudes ou le 20 octobre avec Adeline.

FLORIE

D'origine latine, Flore signifie « fleur ». Flora était courante dans l'Antiquité, et Florie vit le jour au Moyen Âge.

Fête le 24 novembre. Sainte Flora fut martyre à Cordoue au IXe siècle.

GENEVIÈVE et GENEVOTE

Génovefa était la forme médiévale de ces prénoms, qui signifient littéralement « de genre féminin ». Genevote fut courant dès le Ve siècle. Disparu à la Renaissance, c'est Geneviève, sa forme moderne, qui revint au début du XXe siècle, accompagné de son diminutif Ginette.

Fête le 3 janvier. Sainte Geneviève, religieuse à Paris au Ve siècle, organisa la résistance de la ville contre les Huns.

GERSANDE

Germanique, Gersande signifie « lance précieuse ». Au Moyen Âge, on l'écrivait Garsande. Aujourd'hui, il s'orthographie aussi Gersende.

GERTRUDE

Elle est, d'après son étymologie germanique, « lance fidèle ». Ce prénom, comme de nombreux prénoms à la sonorité gutturale, a presque disparu dès la fin du Moyen Âge.

Fête le 16 novembre. Sainte Gertrude fut religieuse en Allemagne au XIIIe siècle.

GISÈLE

Ce prénom qui signifie « doux otage » a précédé Guislaine, qui a la même étymologie. Il fut porté par une fille de Charlemagne.

Fête le 7 mai. Sainte Gisèle, femme de saint Étienne en Hongrie au XIe siècle, se retira dans un monastère.

GODELIEVE

Ce prénom d'origine germanique signifie « peuple de Dieu ».

Fête le 6 juillet. Sainte Godelieve fut assassinée par sa belle-mère dans les Flandres au XIe siècle.

GUÉRANDE

Cette forme féminine de Géraud signifie « lance qui gouverne ».

Fête le 13 octobre. Saint Géraud est son patron.

HERMINE

L'étymologie de ce prénom n'est pas certaine. Est-elle en rapport avec le dieu nordique Irmin, ou avec le dieu grec Hermès, ou avec l'animal à fourrure recherchée ? Hermine fut un prénom discret, mais toujours présent qui apparut au Moyen Âge.

Fête le 9 juillet. Sainte Hermine, religieuse en Chine au XIXe siècle, fut victime d'hérétiques.

HILDEGARDE

Elle est « habile au combat », selon son origine germanique. Ce prénom fut fréquent dans le haut Moyen Âge. Hildegarde fut la troisième des cinq femmes de Charlemagne.

Fête le 17 septembre. Sainte Hildegarde, femme lettrée et artiste, prit le voile à 15 ans et consacra sa vie à la prière et à des échanges épistolaires avec les papes et les empereurs de son époque.

ISABELLE

Ce prénom, comme ses variantes, fut courant entre le XIIIe et le XVe siècle, tant en France qu'en Espagne et en Allemagne. On connaît Isabeau, mais un peu moins Isabelot, Ysabel, Ysabelon, Ysabiau et Ysane.

Fête le 22 février. La bienheureuse Isabelle, sœur de Saint Louis, fonda un monastère à Paris.

ISAMBOUR

Ce prénom médiéval est la forme francisée d'Ingeborg, prénom norvégien qui fut porté par une reine de France, épouse de Philippe Auguste, au XIIe siècle.

ISOLDE

Elle est une variante poétique d'Iseult, prénom celte qui signifie « belle ».

JEHANNE

On pense immédiatement à Jeanne la Pucelle. Mais les Jeanne de notre Moyen Âge furent extrêmement nombreuses ; en effet, on ne compte pas moins de sept reines de France qui portèrent ce prénom. Le XIXe et le début du XXe siècle furent aussi favorables à Jeanne.

Fête le 30 mai.

LAUDINE

Forme féminine de Laud, qui signifie « celui qui loue Dieu », elle a presque complètement disparu depuis le Moyen Âge.

Fête le 22 septembre. Saint Laud fut un évêque normand au VIe siècle. La ville de Saint-Lô porte son nom.

MATHILDE

Ce fut un grand prénom du Moyen Âge, dans la lignée de Brunehild, Lanthilde, Mechthilde, Nanthilde, Richilde, Sichilde, Théodechilde… Dans ce cortège, il fut le seul, avec Clotilde, à traverser les siècles. Mathilde, qui signifie « force au combat », est aujourd'hui un des premiers au hit-parade, et Clotilde le suit de près. Mahaut en fut une variante médiévale, Maud une forme dérivée moderne.

Mathilde fut porté par la femme de Guillaume le Conquérant, roi d'Angleterre.

Fête le 14 mars. Sainte Mathilde, reine de Germanie au Xe siècle, fut un modèle de bonté et de piété.

MILLICENT

Née en Normandie au Moyen Âge, elle signifie « mille chemins ». Elle fut courante en France avant de disparaître pour franchir la Manche ; elle est aujourd'hui moins rare en Angleterre.

YOLANDE

Le XIIIe et le XIVe siècle virent l'apogée de ce prénom devenu par la suite très rare. Il fut illustré par la sœur de Louis XI, femme d'Amédée de Piémont et Savoie.

Fête le 11 juin. Sainte Yolande, fille du roi de Hongrie au XIIIe siècle, se retira dans les ordres à son veuvage.

Prénoms rétro

On les portait au XIXe siècle et au début du XXe siècle ; ils évoquent un temps révolu, celui des débuts de la photographie, des premières automobiles, ils ont le parfum un peu suranné d'une époque où le temps comptait moins, où la nature était presque intacte, et le futur plein de promesses. Certains de ces prénoms réapparaissent aujourd'hui : Alfred, Émile, Jules, Adèle, Joséphine, Madeleine… Fermez les yeux, pensez à ces dames, chignon et camée, à ces messieurs, moustaches et haut-de-forme : ce sont vos aïeux qui vous parlent…

Garçons

Adolphe

Ce « noble loup » est germanique, et l'on comprendra aisément pourquoi ce prénom a disparu de l'état civil depuis 1940.

Fête le 14 février. Saint Adolphe fut évêque en Westphalie au XIIIe siècle.

ALFRED

Ce prénom signifie « grande paix ». Bien que germanique, il a été populaire en Grande-Bretagne dès le IXe siècle. Oublié dès les années 1930, il commence tout juste à renaître.

Fête le 15 août. Saint Alfred, moine allemand au IXe siècle, fut un pacifiste et un médiateur renommé.

ALPHONSE

Il est « très vif », d'après son étymologie germanique. Ce prénom fut en faveur en Espagne et au Portugal dès le XIIe siècle, et fut porté par plusieurs rois d'Aragon, des Asturies, de Castille et du León.

Fête le 1er août. Saint Alphonse-Marie, napolitain au XVIIIe siècle, fut évangéliste, théologien, écrivain et docteur de l'Église.

ARISTIDE

D'origine grecque, ce prénom signifie « le meilleur fils ». Fréquent dans l'Antiquité, il réapparut au XIXe siècle, illustré par l'homme politique Aristide Briand et le compositeur Aristide Bruant.

Fête le 31 août. Saint Aristide, athénien au IIe siècle, se convertit après avoir lu les Évangiles.

ARMAND

Cet « homme fort », selon son origine germanique, fut discret dans l'histoire des prénoms. C'est certainement Armand Duplessis, duc de Richelieu, qui fut le plus illustre. Mais Armand réapparaît dans le sillage d'Alfred depuis 2000.

Fête le 23 décembre. Saint Armand, prêtre bavarois, fut évêque de Brixen en Italie au XIIe siècle.

ARSÈNE

« Viril », ce prénom est grec. Rare de tous temps, c'est surtout le personnage d'Arsène Lupin qui l'a fait connaître.

Fête le 19 juillet. Saint Arsène fut le précepteur des enfants du préfet d'Orient au IVe siècle.

AUGUSTE

Il nous vient de l'Antiquité, ce prénom qui était le qualificatif des empereurs romains depuis Octave qui se nomma ainsi lui-même. Il signifie « vénérable ». Sa variante Augustin, illustrée par le saint homme très renommé, est réapparue à l'état civil tout récemment.

Fête le 29 février. Saint Auguste, prêtre normand et missionnaire en Chine au XIXe siècle, fut massacré avec plusieurs compagnons.

CÉLESTIN

D'origine latine, il est « céleste » et rare, plus rare encore que Céleste, sa forme originelle.

Fête le 6 avril. Saint Célestin fut pape au Ve siècle.

CONSTANT

Ce prénom est la forme originelle de Constantin, prénom connu dès l'Antiquité. Latin, il signifie… « constant ».

Fête le 21 mai. Saint Constantin, empereur de Rome au IVe siècle, fondateur de Constantinople, se fit baptiser quelques mois avant sa mort.

DÉSIRÉ

Il est, selon son étymologie latine, « désiré ». Ce prénom né au Moyen Âge a connu une petite vague de succès au XIXe siècle.

Fête le 8 mai. Saint Désiré fut évêque de Bourges au VIe siècle, et conseiller des rois Clovis et Clotaire.

Edgar

Germanique comme Alfred, il fut lui aussi l'un des grands prénoms anglo-saxons du haut Moyen Âge.

Fête le 8 juillet. Saint Edgar le Pacifique, roi des Anglo-Saxons au Xe siècle, rétablit la paix, lutta contre le paganisme, affirma le pouvoir de la monarchie et promulgua des lois.

Edmond

D'origine germanique, ce prénom signifie « celui qui protège les richesses ». On rencontrait aussi parfois Edme.

Fête le 20 novembre. Saint Edmond, roi des Saxons au IXe siècle, lutta contre l'invasion des Vikings et fut capturé et décapité.

Émile

Latin, il signifie « émule ». Ce prénom commence à réapparaître, ainsi qu'Émilien.

Fête le 22 mai. Saint Émile fut condamné au bûcher à Carthage au IIIe siècle.

Ernest

Selon son origine germanique, ce prénom signifie « sérieux ».

Fête le 7 novembre. Saint Ernest, compagnon de l'empereur d'Allemagne au XIIe siècle, mourut à la croisade.

Eugène

Grec, il signifie « bien né ». Ce prénom connut son apogée au XIXe siècle.

Fête le 13 juillet. Saint Eugène fut évêque de Carthage au IIIe siècle.

EUSTACHE

Grec lui aussi, ce prénom signifie « bon épi ». Il n'a jamais été courant, malgré une petite vague de faveur au début du XIXe siècle.

Fête le 20 septembre. Saint Eustache, général romain au IIe siècle, se convertit avec sa famille et il fut condamné au supplice pour avoir refusé d'adorer les idoles païennes.

ÉVARISTE

Très rare, ce prénom grec signifie « qui propage ». Le mathématicien Évariste Galois l'illustra au XIXe siècle.

Fête le 26 octobre. Saint Évariste fut pape au Ier siècle, et victime des persécutions de l'empereur romain Trajan.

FÉLIX

Ce prénom est « heureux », en latin, tout comme sa variante, Félicien.

Fête le 12 janvier. Saint Félix, prêtre au IIIe siècle en Italie, survécut au supplice et achèva sa vie en prière.

FERNAND

Il est une forme diminutive de Ferdinand, prénom germanique qui signifie « celui qui ose la paix ». Ferdinand fut très fréquent en Espagne, en Castille, en Aragon à travers les âges, et dès le Moyen Âge. Fernand connut en France une vague de popularité au début du XXe siècle.

Fête le 30 mai. Saint Ferdinand, vertueux roi de Castille, régna avec sagesse au XIIIe siècle.

FIACRE

On sait que ce prénom est celte, mais sa signification est encore à ce jour inconnue.

Fête le 1er septembre. Saint Fiacre, missionnaire irlandais au VIe siècle, s'installa en Brie et fonda un hospice pour les voyageurs. Il fut réputé pour ses talents d'horticulteur.

FIRMIN

Latin, ce prénom signifie « solide ».

Fête le 25 septembre. Saint Firmin, évêque d'Amiens au IIIe siècle, fut condamné au supplice par le préfet de la région.

FORTUNAT

Tout comme Fortuné, ce prénom d'origine latine signifie « chance ». Il n'a pourtant jamais, malgré cette étymologie optimiste, était très courant.

Fête le 23 avril. Saint Fortunat, diacre en Gaule au IIIe siècle, fut compagnon de saint Félix.

GUSTAVE

Latin, il a la même étymologie qu'Auguste ; comme lui, il signifie « vénérable ». Alors qu'Auguste est davantage courant dès l'Antiquité dans les pays latins, Gustave est un des grands prénoms de Suède, qui fut porté par plusieurs rois.

Fête le 7 octobre. Saint Gustave fut abbé dans le Berry au VIe siècle.

HONORÉ

Latin lui aussi, il signifie « honneur ». Pourtant, il n'a jamais été courant, malgré Honoré de Balzac. Honorin, sa variante, ne fut guère plus fréquent.

Fête le 16 mai. Saint Honoré fut évêque d'Amiens au VIe siècle. Se trouvant privé de pain au moment de la communion, il pria et constata que son ciboire avait été rempli par la main divine : il devint le patron des boulangers-pâtissiers et un gâteau porte son nom.

HIPPOLYTE

Il est grec et signifie « celui qui délie les chevaux ».

Fête le 13 août. Saint Hippolyte fut prêtre et théologien à Rome au IIIe siècle.

IGNACE

Il est de « feu », ce prénom très rare.

Fête le 31 juillet. Saint Ignace de Loyola, basque espagnol, fut le fondateur de la Compagnie de Jésus au XVe siècle.

INNOCENT

Sans doute est-ce son étymologie latine, qui signifie « inoffensif », qui a nui à la popularité de ce prénom.

Fête le 17 avril, Saint Innocent fut évêque en Italie au IIIe siècle.

IRÉNÉE

Grec, ce prénom signifie, comme son féminin Irène, « paix ».

Fête le 28 juin. Saint Irénée, prêtre au IIe siècle en Asie Mineure, rédigea plusieurs ouvrages de théologie avant de mourir en martyr.

ISIDORE

Il est un « cadeau d'Isis », ce prénom d'origine grecque.

Fête le 4 avril. Saint Isidore de Séville, après une adolescence difficile, devint un des plus grands théologiens de son siècle et l'évêque de sa ville natale, au VIIe siècle. Il fut proclamé docteur de l'Église.

JOSEPH

Ce prénom hébraïque qui signifie « Dieu ajoutera » a connu son apogée au XIXe siècle. Après avoir complètement disparu, il revient discrètement depuis l'an 2000.

Fête le 19 mars. Saint Joseph fut l'époux de Marie et le père nourricier de Jésus.

Léon

« Lion » en latin, il a été prisé dès le Ve siècle par les différents papes qui choisirent ce prénom. Il a connu son apogée à la fin du XIXe siècle. Il disparut ensuite et n'est pas encore réapparu. Léonce est tout aussi discret.

Fête le 10 novembre. Saint Léon Ier le Grand, théologien de grande valeur, fut pape au Ve siècle et nommé docteur de l'Église.

Léopold

Germanique, ce prénom qui signifie « peuple courageux » fut un grand favori en Belgique au XIXe siècle et au début du XXe siècle.

Fête le 15 novembre. Saint Léopold, prince d'Autriche au XIIe siècle, se consacra à la fondation de monastères.

Mathurin

Ce prénom latin fait référence à la maturité. Il n'a jamais été courant.

Fête le 9 novembre. Saint Mathurin, prêtre en Gaule au IIIe siècle, d'après la légende, guérit la fille de l'empereur de Rome Maximien.

Onésime

« Utile » en grec, ce prénom est resté rare à travers les âges.

Fête le 16 février. Saint Onésime, esclave voleur et menteur chassé par son maître, fut converti par saint Paul, au Ier siècle en Asie Mineure; son maître touché par son repentir le reprit.

Oscar

Forme moderne d'Anschaire, germanique qui signifie « lande du dieu Ans », Oscar a connu le succès en Grande-Bretagne et en France au XIXe siècle. Il est en faveur depuis l'an 2000.

Rendez-vous page 100.

PAMPHILE

D'origine grecque, ce prénom signifie « très ami ».

Fête le 23 février. Saint Pamphile, né au Liban, fut étudiant en Égypte, puis prêtre et martyr en Palestine, au IIIe siècle.

PHILIBERT

D'origine germanique, ce prénom signifie « très illustre ». Il a pourtant été toujours très discret.

Fête le 20 août. Saint Philibert, abbé de plusieurs monastères, chassé à chaque fois pour sa sévérité, termina sa vie à Noirmoutier, au VIIe siècle.

PROSPER

En latin, il est… « prospère ». Mais sa popularité, elle, a toujours été discrète.

Fête le 25 juin. Saint Prosper, provençal au IVe siècle, étudia la théologie et passa sa vie auprès de moines.

SOSTHÈNE

Ce prénom d'origine grecque signifie « force indestructible ». Il a connu une petite vague de faveur au XIXe siècle.

Fête le 28 novembre. Saint Sosthène fut un compagnon de saint Paul en Grèce au Ier siècle.

SYMPHORIEN

D'après son étymologie grecque, ce prénom signifie « porter ensemble ».

Fête le 22 août. Saint Symphorien, jeune chrétien bourguignon au IIe siècle, fut décapité pour s'être moqué des idoles païennes.

THÉODORE

« Don de Dieu » en grec, Théodore a connu son apogée au XIXe siècle. C'est aujourd'hui son diminutif Théo qui a la faveur des jeunes parents.

Fête le 11 novembre. Saint Théodore, abbé d'un monastère à Constantinople au IXe siècle, conseiller de l'empereur Michel, fut emprisonné pour s'être opposé violemment aux adorateurs d'icônes.

THÉODOSE, THÉODULE, THÉOPHANE, THÉOPHRASTE, THÉOTIME et THÉOXANE

Tous ces composés de Théo, « dieu » en grec, ont eu un succès d'estime au XIXe siècle. Alors que leur diminutif commun Théo est au hit-parade des années 2000, Théodose, dérivé direct de Théodore « don de Dieu », Théodule « serviteur de Dieu », Théophane « dieu lumineux », Théophraste « dieu parleur », Théotime « qui craint Dieu », comme Timothée qui a la même étymologie, et Théoxane « dieu étranger » sont presque oubliés. Seuls Théodore, Théophile et Timothée sont depuis peu à l'honneur à l'état civil.

THÉOPHILE

En grec, il est « celui qui aime Dieu ». Peu fréquent au XIXe siècle, il réapparaît discrètement aujourd'hui.

Fête le 13 octobre. Saint Théophile fut prêtre au IVe siècle en Asie Mineure.

Filles

Adèle

Grand favori au XIXe siècle, ce prénom d'origine germanique qui signifie « noble » réapparaît depuis l'an 2000. Sa variante Adélaïde est un peu plus rare.

Fête le 24 septembre. Sainte Adèle devenue veuve acheva sa vie dans un monastère près de Trèves, au VIIe siècle.

Agathe

Apprécié au XIXe siècle, ce prénom d'origine grecque qui signifie « bonne » est en vogue depuis les années 1980.

Fête le 5 février. Sainte Agathe, sicilienne au IIIe siècle, subit le martyre sur ordre du prétendant païen qu'elle refusa d'épouser.

Albertine

Plus doux qu'Alberte, autre forme féminine d'Albert, ce prénom fut en vogue au XIXe siècle. D'origine germanique, il signifie « très illustre ».

Fête le 15 novembre. Saint Albert, dominicain en Italie, conseiller du pape, évêque de Ratisbonne et grand théologien au XIIe siècle, fut nommé docteur de l'Église.

Alphonsine

Féminin d'Alphonse, prénom germanique qui signifie « très vif », il connut un timide succès au XIXe siècle.

Fête le 1er août. Saint Alphonse-Marie, napolitain au XVIIIe siècle, fut évangéliste, théologien, écrivain et fut nommé docteur de l'Église.

ANGÈLE

« Messagère », Angèle est d'origine grecque. Elle a connu une vague de succès au début du XXe siècle alors qu'Angela, sa forme anglo-américaine, continuait de progresser. Angèle revient au goût du jour depuis l'an 2000.

Fête le 27 janvier. Sainte Angèle Merici fonda l'ordre des ursulines en Italie au XVe siècle.

ANTOINETTE

Elle est, avec la plus rare Antonia, la forme féminine d'Antoine. On la rencontrait au XVIIIe siècle, comme Antonine.

Fête le 27 octobre. Sainte Antoinette fut dominicaine au XVe siècle en Italie.

ARMANDE

Ce féminin d'Armand d'origine germanique qui signifie « homme fort » était fréquent au XVIIIe siècle. Il s'est effacé depuis.

Fête le 23 décembre. Saint Armand fut évêque en Vénétie au XIIe siècle.

AUGUSTINE

C'est au début du XIXe siècle que ce féminin d'Auguste, prénom antique, s'est imposé.

« Vénérable », selon son étymologie latine, elle revient discrètement.

Fête le 28 août. Saint Augustin, évêque d'Hippone en Asie Mineure au IVe siècle et docteur de l'Église, est son patron.

BERTHE

Le Moyen Âge a vu sa naissance, le XIXe siècle a vu son essor. Mais ce prénom d'origine germanique qui signifie « illustre » n'a plus cours.

Fête le 4 juillet. Sainte Berthe se retira dans un couvent, à la mort de son mari, au VIIIe siècle, en Bourgogne.

Blanche

Médiévale, elle aussi, elle a connu une vague de succès au XIXe siècle. Les familles BCBG l'apprécient aujourd'hui.

Fête le 3 octobre. Sainte Blanche est martyre à Rome au IIIe siècle.

Célestine

Elle est une variante de Céleste, et la forme féminine de Célestin. Tous ces prénoms évoquent les cieux. Célestine connut au XIXe siècle une vague de ferveur, dans le sillage d'Augustine.

Fête le 6 avril. Saint Célestin, pape au Ve siècle, est son patron.

Césarine

Elle est, comme Césarie, la forme féminine de César. On la rencontrait parfois au XIXe siècle.

Fête le 12 janvier. Sainte Césarie fut abbesse du premier monastère féminin en Gaule au VIe siècle.

Clarisse

Cette variante de Claire a le plus souvent été marginale. Elle était discrète au XIXe siècle, elle revient tout aussi discrètement depuis les années 1990.

Fête le 12 août. Sainte Clarisse fonda un monastère dans les Vosges au VIe siècle.

Désirée

Latin, ce prénom qui signifie « désirée » a été illustré par deux reines : la femme de Charlemagne, au VIIIe siècle, puis au XIXe siècle par la femme de Charles Bernadotte, roi de Suède.

Fête le 8 mai. Saint Désiré, évêque de Bourges au VIe siècle et conseiller des premiers rois francs chrétiens, est son patron.

Émilie

Ce féminin d'Émile, qui signifie « émule », fut courant au XIXe siècle, puis, après avoir disparu, il revint dans les années 1980.

Fête le 19 septembre. Sainte Émilie de Rodat, jeune Auvergnate au XIXe siècle, fonde une institution pour l'éducation des enfants pauvres.

Ernestine

Forme féminine du germanique Ernest, ce prénom signifie « sérieux ». Comme de très nombreux prénoms se terminant en *ine*, il fut en faveur au XIXe siècle.

Fête le 7 novembre. Saint Ernest, compagnon de l'empereur d'Allemagne au XIIe siècle, mourut à la croisade.

Eugénie

Elle est « bien née », en grec. L'impératrice Eugénie, épouse de Napoléon III, a donné à ce prénom ses titres de noblesse au XIXe siècle. Ce prénom revient à la mode.

Fête le 7 février. Saint Eugène, évêque de Carthage au IIIe siècle, est son patron.

Eulalie

Grec d'origine, ce prénom signifie « bonne parole ». Ce prénom a toujours été rare, bien qu'il fût illustré par une sainte célébrée dans tout le monde occidental entre le IVe et le IXe siècle.

Fête le 12 février. Sainte Eulalie, toute jeune fille en Espagne au IVe siècle, reprocha au juge sa cruauté envers les chrétiens ; elle subit le martyre. La *Cantilène de sainte Eulalie* composée au IXe siècle raconte son histoire.

EUPHRASIE

Selon son étymologie grecque, elle a une « bonne élocution ». Au XIXe siècle, on rencontrait aussi parfois Euphrosine, qui a la même étymologie.

Fête le 13 mars. Sainte Euphrasie, fille d'un gouverneur en Asie Mineure au Ve siècle, s'enfuit dans le désert pour ne pas épouser le mari païen qu'on lui imposait.

FÉLICIE

Féminin de Félix, ce prénom a été, comme lui, à l'honneur au XIXe siècle, suivi par Félicité. Tous trois, en latin, signifient « heureux ».

Fête le 10 mai. Sainte Félicie, madrilène au XIIe siècle, est avec son mari saint Isidore un modèle de piété.

FLORENTINE

Elle est « florissante » en latin. Alors que Florence s'est épanouie dans les années 1960, que Flore et Flora sont aujourd'hui en faveur, Florentine a connu le succès au XIXe siècle.

Fête le 24 octobre. Saint Florentin fut abbé d'un monastère en Arles au Ve siècle.

GERMAINE

Elle est « de même sang », selon son étymologie germanique.

Fête le 15 juin. Sainte Germaine, enfant martyre victime d'une marâtre et d'un père indigne, priait chaque jour pour ses bourreaux et mourut de privations au XVIIe siècle en Haute-Garonne.

GERTRUDE

D'origine germanique, elle signifie « lance fidèle ».

Fête le 16 novembre. Sainte Gertrude, jeune fille cultivée, entra en religion et se voua à l'écriture d'un recueil de méditations, en Saxe au XIIIe siècle.

Gudule

Germanique, ce prénom signifie « combat ».

Fête le 8 janvier. Sainte Gudule, bien que laïque, consacra sa vie à l'aumône et à la prière dans le Brabant, au VIIIe siècle.

Honorine

Comme son masculin Honoré, ce prénom signifie « honneur ». C'est sa forme bretonne Énora qui a les faveurs des jeunes parents depuis 2000.

Fête le 27 février. Sainte Honorine subit le martyre en Île-de-France, au IVe siècle. Des bateliers repêchèrent son corps jeté dans la Seine au lieu dit aujourd'hui Conflans-Sainte-Honorine.

Hortense

Ce prénom nous vient de l'Antiquité : les Hortensius étaient de riches patriciens à Rome au Ier siècle. Il disparut très vite et ne connut le succès qu'au cours du XIXe siècle.

Fête le 11 janvier. Saint Hortens fut évêque de Césarée au IIIe siècle.

Jeanne

Elle est la forme féminine de Jean, prénom hébraïque qui signifie « Dieu est miséricordieux ». Courante au Moyen Âge, Jeanne, qui s'orthographiait alors Jehanne, connut une seconde vague de succès au XIXe siècle. Elle revient discrètement.

Fête le 30 mai. Sainte Jeanne d'Arc est sa patronne.

Rendez-vous page 171.

Léonie

Comme Léone et Léontine, ce prénom signifie « lionne » en latin. Il réapparaît discrètement depuis l'an 2000. On rencontre aussi Léonille, qui en est une forme plus moderne.

Fête le 6 décembre. Sainte Léonie fut martyre en Afrique du Nord au Ve siècle.

LÉOPOLDINE

Féminin de Léopold, ce prénom signifie « peuple courageux ». Il est un prénom typique du XIXe siècle.

Fête le 15 novembre. Saint Léopold, prince d'Autriche et fondateur de monastères au XIIe siècle, est son patron.

LOUISE

Elle est, selon son étymologie germanique, « glorieuse combattante ». Louise revient depuis les années 1980, mais c'est son diminutif Lou qui est aujourd'hui dans les favoris.

Fête le 15 mars. Sainte Louise de Marillac fonda avec saint Vincent de Paul l'ordre des Filles de la Charité, au XVIIe siècle.

LUDIVINE

Germanique, ce prénom signifie « douce amie ». Il fut en vogue au XIXe siècle et on le revit dans les années 1970.

Fête le 14 avril. Sainte Ludivine, jeune fille néerlandaise au XIVe siècle, était handicapée à la suite d'une chute de cheval. Sa légende affirme que la Vierge vint lui rendre visite et lui redonna la santé.

MADELEINE

Marie de Magdala, appelée Marie Madeleine, fut la première à voir le Christ ressuscité. Ce prénom connut le succès dès le XVIIIe siècle, et jusqu'au début du XXe siècle. Il commence tout juste à réapparaître.

Fête le 22 juillet. Sainte Marie Madeleine fut celle à qui le Christ ressuscité apparut.

Rendez-vous page 261.

Marthe

Araméen, ce prénom signifie « maîtresse de maison ». Il a connu une vogue assez discrète au XIXe siècle.

Fête le 29 juillet. Sainte Marthe, sœur de Lazare et de Marie Madeleine, à Béthanie au Ier siècle, implora Jésus de ressusciter son frère. Elle partit évangéliser la Provence après la Pentecôte.

Victorine

Ce prénom est une des formes féminines de Victor, qui signifie « victoire » en latin. Alors que Victoire et Victoria sont en vogue, Victorine est encore rare.

Fête le 15 avril. Saint Victorin fut condamné à Rome au IIe siècle pour avoir refusé d'adorer les idoles païennes.

Scholastique

Rarissime, mais suffisamment original pour qu'on le remarque, ce prénom d'origine grecque signifie « écolière ».

Fête le 10 février. Sainte Scholastique, sœur de saint Benoît, fonda en Italie une communauté de moniales, au VIe siècle.

Sidonie

D'origine hébraïque, ce prénom signifie « originaire de Sidon ».

Fête le 21 août. Saint Sidoine, évêque de Clermont au Ve siècle, défendit les habitants de sa région contre les Wisigoths.

Prénoms BCBG

S'ils révèlent l'appartenance à une classe d'âge, les prénoms soulignent aussi très souvent l'appartenance à un milieu social. Les familles traditionalistes ont tout naturellement tendance à choisir pour leurs enfants des prénoms anciens, si possible portés par un aïeul prestigieux. Elles cultivent le souvenir des générations précédentes, la référence au passé, la fierté de faire partie d'une généalogie. Il existe un véritable lexique des prénoms chic. Le voici.

Garçons

Alban

En latin, ce prénom signifie « blanc ». Il est plus apprécié que sa variante Albin. Aubin commence à se faire connaître.

Fête le 22 janvier. Saint Alban, au IIIe siècle en Angleterre, abrita un prêtre recherché par la police ; il se convertit et se dénonça à la place de son protégé.

ALBÉRIC

Germanique et variante d'Albert, il signifie « très illustre et puissant ». Aubry en est une forme plus moderne.

Fête le 26 janvier. Saint Albéric fut l'un des fondateurs de l'ordre cistercien au XIIe siècle en Bourgogne.

ALEXANDRE

Classique intemporel, prénom fort, guerrier, chargé d'histoire, Alexandre est depuis longtemps un des piliers du hit-parade des prénoms BCBG.

Fête le 3 mai. Saint Alexandre fut au début du IIe siècle le sixième pape et mourut en martyr comme ses prédécesseurs.

ALEXIS

Ce dérivé d'Alexandre signifie comme lui « celui qui repousse l'ennemi » en grec. Alexis a connu son apogée dans les années 1990.

Fête le 17 février. Saint Alexis, riche marchand florentin au XIIIe siècle, renonça à son commerce florissant pour se consacrer à Dieu.

AMAURY

Issu du latin, il a la même étymologie que Maur et Maurice. Il fut célèbre dès le Moyen Âge, porté par deux croisés qui devinrent rois de Jérusalem au XIIe siècle.

Fête le 21 novembre. Saint Maur fonda une congrégation religieuse à Rome au VIe siècle, les mauristes.

AMBROISE

Ce prénom médiéval oublié commence à réapparaître. Il est issu du grec et signifie « immortel ».

Fête le 7 décembre. Saint Ambroise, gouverneur en Italie au IVe siècle, devint évêque, étudia puis enseigna la théologie, et écrivit des manuels à l'intention des fidèles. Il fut proclamé docteur de l'Église.

AYMAR

Germanique, ce prénom signifie « illustre maison ». On l'orthographie aussi Aymard.

Fête le 29 mai. Saint Aymar, au XIIIe siècle, entreprit de prêcher aux albigeois et fut assassiné.

AYMERIC

Lui aussi germanique, ce prénom s'écrit parfois Émeric. Il signifie « maison du roi ».

Fête le 4 novembre. Saint Aymeric, fils du fondateur du royaume de Hongrie, saint Étienne, consacra sa vie à la visite des monastères.

BAPTISTE

Ce prénom est un adjectif qui qualifiait saint Jean, qui baptisait sur les bords du Jourdain. Ce prénom fut d'ailleurs pendant très longtemps inséparable de Jean. Ce n'est plus le cas aujourd'hui.

Fête le 29 août. Saint Jean le Baptiste fut décapité par le tétrarque de Galilée à qui il faisait la morale.

BAUDOUIN

Prénom médiéval et germanique, il signifie « audacieux ami ». On l'écrit aussi Baudoin.

Fête le 17 octobre. Saint Baudouin fut archidiacre au VIIe siècle à Laon.

BENOÎT

Selon son étymologie latine, il est « béni ».

Fête le 11 juillet. Saint Benoît de Nursie fut nommé abbé d'un monastère en Italie au Ve siècle ; il en établit la règle, qui sera suivie par la majorité des monastères européens.

BÉRANGER

En allemand, ce prénom signifie « lance de l'ours ».

Fête le 26 mai. Saint Béranger fut bénédictin au XIe siècle à Carcassonne.

BLAISE

En latin, ce prénom signifie « bègue ».

Fête le 3 février. Saint Blaise, évêque au IVe siècle en Arménie, fut condamné au supplice par le gouverneur romain.

BRICE

Celte, ce prénom signifie « bigarré ».

Fête le 13 novembre. Saint Brice, recueilli par saint Martin au IVe siècle, avait tout d'un voyou : fugueur, noceur, jusqu'à ce que, touché par la grâce, il s'amendât et devînt évêque de Tours à la suite de son protecteur.

CHARLES

Ce prénom apparut dès le haut Moyen Âge et fut porté par de nombreux rois. Germanique, il signifie « viril ». Les années 1980 le consacrèrent.

Fête le 4 novembre. Saint Charles Borromée, précoce et brillant, préféra le service des humbles aux honneurs. Il fut archevêque de Milan au XVIe siècle.

CLÉMENT

Son étymologie est sans équivoque : Clément est « indulgent ».

Fête le 23 novembre. Saint Clément, converti par saint Pierre au Ier siècle, parcourut les routes pour prêcher l'Évangile. Son aura inquiéta l'empereur qui le condamna aux travaux forcés. Il convertit tous ceux qu'il rencontra. Il fut tué.

CÔME

Ce prénom, en grec, signifie « ordre ».

Fête le 25 septembre. Saint Côme, médecin en Arabie au IIIe siècle avec son frère jumeau Damien, soignait les corps et convertissait les âmes. Il fut condamné avec son frère.

ÉDOUARD

Très courant dans les pays de langue anglaise, avec ses diminutifs Eddy, Ted et Teddy, Édouard est resté discret en France. Germanique, ce prénom signifie « gardien des richesses ».

Fête le 5 janvier. Saint Édouard, roi d'Angleterre au XIe siècle, pacifiste et bienveillant, termina sa vie dans un monastère.

ÉLOI

Latin, il signifie « élu ».

Fête le 1er décembre. Saint Éloi, grand argentier du roi Dagobert, au VIe siècle, devint prêtre à la mort du roi et fonda hôpitaux et monastères avec sa fortune personnelle.

ÉTIENNE

Ce prénom très ancien a la même étymologie grecque que sa forme moderne Stéphane. Tous deux signifient « couronné ».

Fête le 26 décembre. Saint Étienne fut diacre à Jérusalem au Ier siècle et mourut lapidé. Il est le premier martyr de l'Église.

FOUCAULT

Médiéval, ce prénom avait disparu pendant des siècles, sauf dans les familles où les prénoms traversent traditionnellement les générations. D'origine germanique, comme Foulques, dont il est une variante, il signifie « peuple ».

Fête le 23 avril. Saint Foulques fut évêque de Reims au IXe siècle.

FRANÇOIS

D'origine latine, ce prénom signifie « franc ». Il est apparu dès le XIe siècle, et fait partie des grands classiques.

Fête le 24 janvier ou le 4 octobre. Saint François de Sales, évêque de Genève au XVIIe siècle, prédicateur talentueux, grand humaniste et prolixe écrivain, fut nommé docteur de l'Église. Saint François d'Assise, italien au XIIe siècle, fonda l'ordre des franciscains et termina ses jours en ermite.

GABRIEL

Il est le messager du Ciel, le responsable de la communication. Hébraïque, il signifie « force de Dieu ».

Fête le 29 septembre. Saint Gabriel fut pendant 60 ans abbé d'un monastère à Jérusalem au Ve siècle.

GAÉTAN

Latin, ce prénom signifie « originaire de Gaète », ville du Latium, en Italie. Il fut en vogue dans les années 1990.

Fête le 7 août. Saint Gaétan, prêtre en Italie au XVIe siècle, fonda une congrégation religieuse au service des pauvres et des malades, les théatins.

GAULTIER

Ce prénom médiéval d'origine germanique signifie « qui gouverne l'armée ». Il a deux autres orthographes, Gauthier et Gautier.

Fête le 9 avril. Saint Gautier fut abbé de Saint-Martin-de-Pontoise au XIe siècle.

GEOFFROY

Médiéval et germanique lui aussi, il signifie « paix de Dieu ». Godefroy est sa forme originelle ; on rencontre aussi Geoffrey avec ses variantes Joffrey et Jeffrey.

Fête le 15 janvier. Saint Godefroy suivit saint Bernard à Clairvaux et devint prieur du monastère, au XIIe siècle.

GÉRAUD

Germanique, il est une variante de Gérald et signifie « lance du gouverneur ».

Fête le 13 octobre. Saint Géraud fut au IXe siècle un riche propriétaire terrien plein de bonté et de charité.

GHISLAIN

D'origine germanique, il est « doux otage ». Bien plus discret que son féminin, Ghislain, qui s'écrit aussi Guislain, est un prénom BCBG par excellence.

Fête le 10 octobre. Saint Ghislain fut abbé d'un monastère en Belgique au VIIe siècle.

GONTRAN

« Corbeau guerrier », selon son étymologie germanique, Gontran est un prénom médiéval.

Fête le 28 mars. Saint Gontran fut le petit-fils de Clovis et de Clotilde. Il régna en pacifiste et favorisa l'expansion du christianisme dans son royaume.

GONZAGUE

Saint Louis de Gonzague a laissé son patronyme en héritage à toutes les familles traditionnelles.

Fête le 10 janvier. Saint Louis de Gonzague, fils de famille promis à un bel avenir, en Italie, au XVIe siècle, entra chez les jésuites très jeune contre l'avis de sa famille. Il se dévoua aux malades de la peste et mourut de la maladie à vingt-trois ans.

GRÉGOIRE

Si sa forme anglo-américaine fut très répandue dans les années 1980, Grégoire est resté discret, bien qu'il fût porté par seize papes, et qu'il fût un prénom vedette dans les pays slaves et en Europe au cours du Moyen Âge. C'est sans doute cette réserve qui lui attire les faveurs des familles BCBG. Grec, il signifie « celui qui veille ».

Fête le 3 septembre. Saint Grégoire fut pape au VIIe siècle et proclamé docteur de l'Église.

HENRI

Prénom germanique, il a fait carrière en Angleterre où il fut porté par plusieurs rois. En France également, où Henri IV l'illustra avec truculence. Il signifie « maison du roi », et reste un favori des familles traditionalistes.

Fête le 13 juillet. Saint Henri, roi de Germanie au Xe siècle, favorisa l'action de l'Église.

HUBERT

Voici encore un prénom germanique, qui signifie « brillante intelligence ». Il est particulièrement apprécié dans les milieux chic.

Fête le 3 novembre. Saint Hubert fut évêque de Maastricht au VIIIe siècle.

HUGUES

Médiéval et germanique, Hugues signifie « intelligence ». Il donna naissance à Hugo, l'un des grands favoris des années 2000. Mais c'est Hugues dans sa simplicité qui séduit les familles traditionnelles.

Fête le 1er avril. Saint Hugues fut évêque de Grenoble pendant soixante-cinq ans.

JEAN

Bien connu dès le Moyen Âge, Jean fut un grand classique du XIXe siècle. Les années 1950 ont vu fleurir les Jean composés qui ont disparu dix ans plus tard. Aujourd'hui, Jean est en vogue dans sa grande simplicité dans les familles BCBG. D'origine hébraïque, il signifie « Dieu a fait grâce ».

Fête le 24 juin. Saint Jean apôtre du Christ fut le rédacteur présumé du quatrième Évangile, de trois épîtres et de l'*Apocalypse*.

LOUIS

Prénom royal par excellence, Louis fait partie de la famille de Clovis, Aloys, Ludovic, qui ont tous la même étymologie germanique, « glorieux combattant ». Cette famille de prénoms a eu un succès presque constant à travers les âges : Clovis dans le haut Moyen Âge, Aloys ensuite, Louis entre le XVIe et le XIXe siècle, Ludovic dans les années 1960. Louis a traversé les âges sans jamais disparaître vraiment. Un peu boudé au début du XXe siècle, il est réapparu dans les années 1990 et son succès ne se dément pas.

Fête le 25 août. Saint Louis, roi de France au XIIIe siècle, après avoir sécurisé les frontières de son royaume et assuré la paix, se consacra à l'amélioration du sort de ses sujets. Il mourut à la croisade.

LUC

« Lumière » en latin, ce prénom a éclairé des décennies. Luc est resté discret mais présent pendant tout le XXe siècle, en particulier dans les familles traditionnelles. Sa variante Lucien, elle, fut courante au début du XXe siècle, et assez populaire. C'est aujourd'hui Lucas qui est à l'honneur depuis 1990.

Fête le 18 octobre. Saint Luc fut apôtre et évangéliste.

MARTIN

Latin, il signifie « guerrier ». Discret, Martin n'a jamais connu le succès de son féminin Martine, mais il est aujourd'hui dans les favoris des familles traditionnelles. Martial, de même étymologie, est beaucoup plus rare.

Fête le 11 novembre. Saint Martin fut évêque de Tours au IVe siècle.

Maximilien

Cette variante de Maxime, prénom latin qui signifie « le plus grand », s'est développée dans les pays germaniques dès le XVIe siècle, nommant plusieurs empereurs germaniques.

Fête le 12 mars. Saint Maximilien, chrétien en Tunisie au IIIe siècle, fut objecteur de conscience, et décapité.

Mayeul

En latin, il désigne le mois de mai. Ce prénom très rare jusqu'à présent commence à séduire les familles traditionnelles.

Fête le 11 mai. Saint Mayeul fut abbé de l'abbaye de Cluny au Xe siècle.

Merri

Variante de Médéric, Merri signifie « roi courageux ».

Fête le 29 août. Saint Merri fut abbé en Bourgogne au VIIIe siècle.

Paul

« Petit » selon son étymologie latine, il est le grand favori de ce début de siècle. Les parents modernes lui préfèrent Pablo, sa forme espagnole.

Fête le 29 juin. Saint Paul, farouche opposant aux chrétiens, fut converti par le Christ. Il écrivit quatorze épîtres.

Pierre

C'est avec la solidité d'un roc que Pierre a traversé les siècles. Il est aujourd'hui souvent accompagné : Pierre-Marie, Pierre-Louis sont les prénoms composés les plus fréquemment rencontrés.

Fête le 29 juin. Saint Pierre, apôtre du Christ, fut le fondateur de l'Église et le premier pape de la chrétienté.

Quentin

Certains prénoms latins indiquent la place des enfants dans la fratrie ; c'est le cas de Quentin, qui signifie « cinquième ».

Fête le 31 octobre. Saint Quentin, cinquième enfant d'un sénateur romain au IIIe siècle, partit évangéliser la Gaule et fut assassiné en Picardie dans une ville qui porte aujourd'hui son nom.

Remi

Latin, il est « celui qui guérit ». On l'orthographie aussi, mais plus rarement, Remy et Rémi.

Fête le 15 janvier. Saint Remi, évêque de Reims au Ve siècle, allia ses efforts à ceux de sainte Clotilde pour convertir Clovis. Ce fut lui qui le baptisa avec toute son armée.

Renaud

Médiéval, Renaud a une étymologie germanique et signifie « gouverneur du conseil ». Il suit la vogue de Thibault.

Fête le 17 septembre. Saint Renaud fut moine puis ermite en Picardie au XIIe siècle.

Séverin

D'origine latine, ce prénom signifie « exigeant ». Il est une variante de Sévère, porté par plusieurs empereurs de la Rome antique et tombé dans l'oubli. Alors que Séverine son féminin est tombé dans l'oubli, Séverin a quelques adeptes dans les milieux chic.

Fête le 8 janvier. Saint Séverin fut missionnaire en Europe centrale au Ve siècle.

STANISLAS

Slave, il signifie « victoire debout ». Il est l'un des rares prénoms slaves à être répandu en Europe et également aux États-Unis sous les formes Stan et Stanley.

Fête le 11 avril. Saint Stanislas, évêque de Cracovie au XIe siècle, fut assassiné sur ordre du roi débauché qu'il venait d'excommunier.

THIBAULT

Médiéval et germanique comme Renaud, Thibault s'écrit aussi Thibaud ou Thibaut. Il signifie « peuple audacieux ».

Fête le 8 juillet. Saint Thibaud, moine cistercien au XIIIe siècle, fut un conseiller de Saint Louis.

VIANNEY

Ce prénom patronymique est très apprécié dans les milieux chic.

Fête le 4 août. Saint Jean-Marie Vianney devint prêtre et curé de la paroisse d'Ars. Ses talents de confesseur lui attirèrent la confiance de tous ses paroissiens.

VINCENT

Latin, il signifie « celui qui vainc ». Discret, il s'impose depuis plusieurs décennies.

Fête le 22 janvier. Saint Vincent de Paul devint, après une vie d'aventures, successivement envoyé du pape auprès de Henri VIII, aumônier de la reine Margot, puis curé de Clichy et enfin fondateur avec Louise de Marillac de la communauté des Filles de la Charité.

Filles

Agathe

D'origine grecque, ce prénom signifie « bon ». En vogue au XIXe siècle, il réapparaît discrètement.

Fête le 5 février. Sainte Agathe, sicilienne au IIIe siècle et courtisée par le préfet romain païen, repoussa ses avances, il la soumit à mille supplices.

Agnès

Ce grand classique des années 1960 signifie « chaste » en grec.

Fête le 21 janvier. Sainte Agnès, romaine au IVe siècle, courtisée par le fils du préfet, le repoussa. Elle fut enfermée dans une maison close, où ses clients furent terrassés dès qu'ils l'approchaient. Elle fut condamnée au bûcher.

Albane

Tout comme son masculin Alban, ce prénom qui signifie « blanc » est assez rare. Aubane est apparu timidement voici quelques années.

Fête le 22 juin. Saint Alban est son patron.

Aliénor

Prénom de reine, Aliénor a beaucoup d'adeptes dans les familles nobles. Forme occitane d'Éléonore, d'origine grecque, il signifie « compassion ».

Fête le 25 juin. Sainte Éléonore fut l'épouse du roi Henri III d'Angleterre et se retira chez les bénédictines à la mort de son mari.

Alix

Ce prénom est une variante d'Alice, lui même dérivé de Adèle, germanique qui signifie « noble ». Alice, Alicia et Alison sont aussi très présentes à l'état civil.

Fête le 9 janvier. Sainte Alix, vosgienne au XVIe siècle, fonda une institution pour l'éducation des jeunes filles pauvres.

Amicie

Ce prénom très ancien est une variante d'Aimée. Il est réapparu discrètement voici deux ans. D'origine latine, il signifie « aimée ».

Fête le 20 février. Sainte Aimée, jeune Italienne frivole, consacra sa vie à la prière après avoir rendu visite à sa tante sainte Claire, au couvent des clarisses, au XIIIe siècle.

Apolline

Ce prénom qui fait référence à la mythologie est une vedette des années 2000. D'origine grecque, il signifie « relatif à Apollon ».

Fête le 9 février. Sainte Apolline fut religieuse et martyre à Alexandrie au IIIe siècle.

Astrid

Ce prénom scandinave qui fut porté par plusieurs reines fait référence à la mythologie nordique et aux Walkyries.

Fête le 27 novembre. Sainte Astrid, reine de Norvège au Xe siècle, consacra sa vie au secours des indigents.

Aude

Médiévale, germanique, Aude signifie « ancienne ». Elle a connu son apogée dans les années 1990.

Fête le 18 novembre. Sainte Aude, religieuse au Ve siècle, fut une compagne de sainte Geneviève.

BÉNÉDICTE et BENOÎTE

Toutes deux sont d'origine latine et signifient « bénie ». Bénédicte est un peu plus fréquente que Benoîte.

Fête le 16 mars. Sainte Bénédicte succéda à sainte Claire comme abbesse du couvent des Clarisses au XIIIe siècle à Assise.

BÉRANGÈRE

Elle est la forme féminine de Béranger, germanique, qui signifie « lance de l'ours ».

Fête le 26 mai. Saint Béranger fut bénédictin au XIe siècle à Carcassonne.

BÉRÉNICE

Ce prénom qui fut illustré dans la littérature a la même étymologie grecque que la classique Véronique, elles signifient toutes deux « porteuse de victoires ».

Fête le 4 octobre. Sainte Bérénice, chrétienne à Antioche au IIIe siècle, fut menacée de viol par les soldats de l'empereur Dioclétien ; elle se jeta dans le fleuve pour leur échapper.

BLANCHE

Latin, ce prénom signifie « blanche ». Il connut son apogée au Moyen Âge.

Fête le 3 octobre. Sainte Blanche, chrétienne romaine au IIIe siècle, fut dénoncée et condamnée au martyre.

BLANDINE

Elle aussi est latine ; elle signifie « caressante ». Ce prénom est surtout connu par le martyre de sa sainte patronne.

Fête le 2 juin. Sainte Blandine, esclave à Lyon au IIe siècle, fut livrée aux fauves qui se détournèrent d'elle. Elle fut jetée dans un filet à un taureau furieux.

Camille

Grand favori des années 1990, Camille nous vient de l'Antiquité ; ce nom désignait les enfants qui assistaient les prêtres qui procédaient aux sacrifices païens. Mixte, ce prénom est cependant presque exclusivement féminin.

Fête le 14 juillet. Saint Camille, romain du XVIe siècle, consacra sa vie aux soins des malades et fonda l'Institut des clercs réguliers ministres des infirmes.

Charlotte

Elle a disputé à Camille la première place au hit-parade des prénoms dans les années 1990. Elle est toujours une des préférées dans les familles BCBG.

Fête le 17 juillet. Sainte Charlotte fut la doyenne des carmélites condamnées à l'échafaud sous la Révolution.

Clémence

Comme son masculin, elle est, selon son étymologie latine, « indulgente ». Clémence est un prénom qui fut porté dès le Moyen Âge. Il disparut jusqu'au XIXe siècle, et c'est depuis les années 1990 dans les milieux chic qu'il est en faveur. Clémentine est beaucoup plus rare.

Fête le 21 mars. Sainte Clémence, veuve d'un comte allemand au XIIe siècle, termina sa vie en dévotion dans un couvent.

Constance

Comme Clémence, elle est latine, comme Clémence, c'est dans la noblesse et la grande bourgeoisie qu'elle s'épanouit. Ce prénom signifie « constance ».

Fête le 17 juillet. Sainte Constance, novice du carmel de Compiègne sous la Révolution, fut condamnée à l'échafaud avec ses compagnes.

Claire

Latine, elle signifie « claire » et la vogue de Clarisse, de Clara l'espagnole, de Clarence l'anglaise ne lui nuit pas.

Fête le 11 août. Sainte Claire suit l'enseignement de saint François à Assise au XIIe siècle et entre en religion, fondant l'ordre des clarisses.

Clotilde

Elle s'épanouit dans le sillage de Mathilde, qui est une des favorites des années 2000. Clotilde, germanique elle aussi, signifie « gloire au combat ».

Fête le 4 juin. Sainte Clotilde fut la femme de Clovis qu'elle persuada de se convertir et de se faire baptiser avec son armée.

Diane

Il n'est pas facile de porter le nom de la déesse de la nature et de la chasse, qui évoque la beauté et l'élégance, mais les familles traditionnelles sont très attachées à ce prénom.

Fête le 9 mai. Sainte Diane prit le voile chez les dominicaines en Italie au XIIIe siècle en dépit de sa famille et de ses nombreux prétendants.

Domitille

Latin, féminin de Domitien, ce prénom signifie « maison ». Il est en vogue dans les familles traditionnelles depuis longtemps.

Fête le 28 décembre. Sainte Domitille, mère de famille nombreuse très pieuse, fut exilée au Ier siècle.

Élisabeth

Prénom biblique, Élisabeth est devenue un grand classique intemporel et universel. Ses traductions, ses diminutifs et ses variantes sont multiples : Beth, Betty, Élisa, Élise, Elsa, Eliboubann, Elzabeta, Elzbeth, Lisa,

Lise, Liz… mais elle reste une « valeur sûre » dans les milieux traditionnels. Isabelle, une de ses formes dérivées, est plus rare aujourd'hui, après avoir connu une grande popularité dans les années 1960.

Fête le 17 novembre. Sainte Élisabeth est la cousine de Marie, la mère de saint Jean-Baptiste.

Éléonore

Médiévale d'origine grecque, elle s'entoure de multiples variantes : Aénor la bretonne, Aliénor l'occitane, mais aussi Liénor, Lionor et Nora.

Fête le 25 juin. Sainte Éléonore fut la belle-sœur de Saint Louis, la femme d'Henri III d'Angleterre. Généreuse mais malhabile, elle souleva la colère des grands du royaume qui emprisonnèrent le roi. À la mort de son mari, elle entra chez les bénédictines, au grand soulagement de tous les seigneurs anglais.

Estelle

Latine, elle évoque une « étoile ». Stella en est une variante qui est boudée par les milieux chic.

Fête le 11 mai. Sainte Estelle, fille d'un légat romain au Ier siècle, se fit baptiser en cachette de son père. Lorsqu'il l'apprit, il la décapita lui-même.

Eugénie

Vedette au XIXe siècle grâce à l'impératrice Eugénie, femme de Napoléon III, ce prénom avait disparu. Le voici de retour dans les familles traditionnelles. D'origine grecque, il signifie « bien née ».

Fête le 7 février. Saint Eugène, évêque de Carthage au IIIe siècle, est son patron.

Gersende

Médiéval et germanique, ce prénom est traditionnel dans certaines familles de la noblesse. Il signifie « lance précieuse » et s'orthographie parfois Gersande.

Gladys

Galloise, elle signifie « richesse ». Rare, un tantinet précieuse, Gladys reste très discrète. Elle s'orthographie aussi Gwladys, à la galloise.

Guillemette

Son masculin Guillaume était depuis longtemps dans les favoris. Elle apparaît discrètement, surtout appréciée par les familles traditionnelles.

Fête le 10 janvier. Saint Guillaume, archevêque de Bourges au XIIIe siècle, est son patron.

Hermine

Ce prénom apparut au Moyen Âge, mais resta rare. Il se cantonne toujours dans les familles BCBG.

Fête le 9 juillet. Sainte Hermine, franciscaine en Chine au XIXe siècle, fut assassinée par des païens.

Hortense

Masculin dans l'Antiquité, ce prénom s'est féminisé et le XIXe siècle l'a vu s'épanouir. Puis il est tombé dans l'oubli et c'est avec discrétion qu'il réapparaît depuis les années 1990.

Fête le 11 janvier. Saint Hortens fut évêque de Césarée au IIIe siècle.

Inès

Ce prénom est gagnant sur tous les plans : il a une sonorité arabe, ce qui explique son succès dans les familles musulmanes, il est apprécié des familles traditionnelles car il est la forme espagnole et portugaise d'Agnès, grand prénom traditionnel qui signifie « chaste » en grec.

Fête le 10 septembre. Sainte Inès, veuve chrétienne au Japon au XVIIe siècle, fut décapitée pour avoir reçu chez elle des missionnaires.

ISAURE et ISOLDE

Isaure est peu connue. D'origine grecque, elle signifie « originaire d'Isaura », province d'Asie Mineure. Isolde est une forme médiévale d'Isabelle. Ces deux prénoms ont une sonorité voisine, et le succès du second dans les milieux traditionnels explique sans doute la faveur dont jouit le premier.

JOSÉPHINE

Ce féminin de Joseph a connu le succès au XIXe siècle, mais on l'avait oublié. Il réapparaît depuis les années 1990.

Fête le 8 février. Sainte Joséphine, esclave au XIXe siècle au Soudan, entra au service d'un agent consulaire italien et se fit baptiser. Affranchie, elle entra au couvent.

LOUISE

Après une période faste au XIXe siècle, Louise avait presque complètement disparu. La voici de retour. Son diminutif Lou est très en vogue, mais c'est Louise qui a la faveur des familles BCBG.

Fête le 15 mars. Sainte Louise fonda avec saint Vincent de Paul l'ordre des Filles de la Charité, au XVIIe siècle.

LUCIE et LUCILLE

Toutes deux signifient « lumière » en latin. Lucille s'écrit aussi Lucile.

Fête le 13 décembre. Sainte Lucie, chrétienne à Syracuse au IVe siècle, fut enfermée dans une maison close pour avoir refusé un prétendant. Ceux qui l'approchèrent furent foudroyés, aussi fut-elle décapitée.

MARGUERITE

En vogue au Moyen Âge, puis au XIXe siècle, Marguerite revient sur la pointe des pieds, précédée par Margot parfois orthographiée Margaux, qui eut un franc succès dans les années 1990. D'origine latine, ce prénom signifie « perle ».

Fête le 16 novembre. Sainte Marguerite, fille d'un païen, se convertit. Elle fut chassée par son père et refusa d'épouser le préfet d'Orient. Lorsqu'il apprit qu'elle était chrétienne, il la fit supplicier.

MARIE

Il fut le premier prénom féminin au XXe siècle, souvent attribué aussi aux garçons dans les formes composées Jean-Marie, Yves-Marie. De Marie dans sa simplicité à toutes les formes composées qui sont très nombreuses et à toutes les variantes françaises et étrangères, ce prénom est le plus universel.

Fête le 15 août. Sainte Marie est la mère de Jésus.

Rendez-vous page 172.

MAYLIS

Nouvelle venue au hit-parade des prénoms, appréciée par les familles traditionnelles, Maylis est une variante de Marie.

Fête le 15 août. Sainte Marie est sa patronne.

OLIVIA

Forme féminine d'Olivier, ce prénom a une carrière modeste.

Fête le 12 juillet. Saint Olivier, prêtre irlandais au XVIIe siècle, est pendu pendant les guerres de religion.

OMBELINE

Latine, elle signifie « ombrelle ». Ce prénom rare est typique des milieux BCBG.

Fête le 21 août. Sainte Ombeline fut une jeune fille frivole, en Bourgogne, au XIIe siècle. Son frère, saint Bernard, lui en faisant le reproche, elle s'amenda et prit le voile chez les cisterciennes.

PAULINE

Elle a précédé Paul au hit-parade des prénoms. Comme lui, elle signifie « petite » en latin.

Fête le 9 juillet. Sainte Pauline, religieuse en Chine, fut assassinée par les Boxers, au début du XXe siècle.

PHILIPPINE

Forme féminine de Philippe, ce prénom signifie « celle qui aime les chevaux ».

Fête le 18 novembre. Sainte Philippine, religieuse sous la Révolution, s'expatria en Louisiane pour se consacrer à l'éducation des jeunes filles.

QUITTERIE

D'après son étymologie latine, elle est « tranquille ».

Fête le 22 mai. Sainte Quitterie, espagnole au IIIe siècle, refuse l'époux païen que son père lui présente ; il la fait décapiter.

SÉGOLÈNE

Germanique, ce prénom signifie « douce victoire ».

Fête le 24 juillet. Sainte Ségolène soigna les lépreux dans le monastère qu'elle fonda au VIIe siècle près d'Albi.

SERVANE

En latin, elle est « esclave ». Peut-être est-ce cette étymologie lourde à porter qui lui confère sa rareté.

Fête le 1er juillet. Saint Servan, prêtre au VIe siècle, prêcha l'Évangile en Écosse ; il fut chassé par les barbares et se réfugia en Bretagne.

SIXTINE

Féminin de Sixte, elle signifie « sixième ».

Fête le 3 avril. Saint Sixte fut pape et martyr au début du IIe siècle.

TIPHAINE

D'origine grecque, ce prénom signifie « apparition divine ». Tiphaine est plus chic que Tiffenn, Tiphanie ou l'américain Tiffany.

Fête le 6 janvier. Saint Épiphane, évêque de Pavie au Ve siècle, est son patron.

VICTOIRE

La signification de ce prénom est sans équivoque. Victoire est plus appréciée que sa forme anglaise et espagnole Victoria dans les familles traditionnelles.

Fête le 15 novembre. Sainte Victoire se réunit avec ses compagnes pour prier, en Afrique du Nord au IVe siècle ; elle est dénoncée et meurt en martyre.

VIOLETTE

Elle rejoint Marguerite et Capucine au jardin des prénoms BCBG.

Fête le 5 octobre. Sainte Fleur, religieuse dans le Quercy au XIVe siècle, est sa patronne.

Prénoms géographiques

Ils évoquent le pays ou la région de provenance de la famille, ou plus particulièrement en Grande-Bretagne un lieu-dit ou une rivière. Les plus anciens, qui nous sont familiers, font référence au bassin méditerranéen : Cyprien ou Madeleine, par exemple. Les prénoms géographiques, comme Dane ou Savannah, connaissent un grand succès dans les pays anglo-américains.

Garçons

Clyde

C'est une rivière d'Écosse qui arrose Glasgow et se jette dans la mer d'Irlande. Ce prénom a plus d'adeptes aux États-Unis qu'en Écosse aujourd'hui.

Cyprien

Ce prénom, qui signifie « originaire de l'île de Chypre », en Méditerranée, est en vogue depuis les années 1990.

Fête le 16 septembre. Saint Cyprien fut évêque de Carthage au IIIe siècle.

DALMACE

La Dalmatie est une région de la Croatie, sur la côte de l'Adriatique. Ce prénom, comme Damase, en est issu.

Fête le 13 novembre. Saint Dalmace fut évêque de Rodez au VIe siècle.

DANE

Ce prénom qui signifie « danois » est d'origine anglo-saxonne. Il est porté aux États-Unis.

GABIN

Ce prénom signifie « originaire de Gabies ». Cette ville était située dans le Latium, près de Rome, dans l'Antiquité. Gabin est en vogue aujourd'hui.

Fête le 19 février. Saint Gabin, sénateur chrétien à Rome au IIIe siècle, est arrêté et martyrisé avec sa fille.

GAÉTAN

Gaète était une ville du Latium, en Italie, dans l'Antiquité. Gaétan signifie « originaire de Gaète ». Ce prénom, après avoir été courant dans les premiers siècles, a disparu, puis il a connu un bref succès dans les années 1990 pour s'effacer à nouveau.

Fête le 7 août. Saint Gaétan fut fondateur de l'ordre religieux des théatins, consacré aux pauvres et aux malades.

NUMA

Il est originaire de Numidie, province romaine d'Afrique du Nord sous Jules César.

Fête le 9 août. Saint Numidic fut évêque de Carthage au IIIe siècle, au milieu des persécutions de chrétiens.

Romain

Il est sans équivoque « originaire de Rome », et fut un des premiers au hit-parade dans les années 1980. Roman lui a succédé, et Roméo apparaît aujourd'hui.

Fête le 28 février. Saint Romain, ermite dans le Jura, fonda plusieurs monastères au Ve siècle.

Saens

Ce prénom signifie « originaire de Sidon ». Sidon était une ville de Phénicie qui fut au XVe siècle avant J.-C. la capitale du royaume cananéen; elle fut détruite successivement par les Assyriens et par les Perses, et, reconstruite, elle porta le nom de Sayda. Sidoine est une autre forme du prénom.

Fête le 21 août. Saint Sidoine fut évêque de Clermont au Ve siècle, et laissa une importante œuvre épistolaire et poétique.

Scott

Ce prénom, qui signifie « écossais », est en vogue en Écosse, comme il se doit, mais aussi aux États-Unis. L'écrivain Scott Fitzgerald l'illustra au début du XXe siècle.

Tennessee

Le nom de cet État des États-Unis était jadis attribué aux garçons des tribus de Cherokee. Ce prénom fut rendu célèbre au début du XXe siècle par l'écrivain Thomas Lanier Williams qui se fit appeler Tennessee Williams, et il est encore populaire aujourd'hui.

Tiburce

Ce prénom signifie « de Tibur ». Tibur était une ville d'Italie, dans la province de Rome, lieu de villégiature des riches Romains de l'Antiquité. Mécène, Horace, Catulle et l'empereur Hadrien y avaient leur résidence. Cette ville se nomme aujourd'hui Tivoli et abrite de nombreux vestiges.

Fête le 14 avril. Saint Tiburce subit le martyre au IIIe siècle.

Filles

Béthanie

C'est le nom d'un village proche de Jérusalem où, selon la Bible, vécurent Marthe, Marie et Lazare. Il est à l'origine du prénom, répandu en Écosse sous la forme Bhetan, et en Angleterre et au pays de Galles sous la forme Bettany.

Brittany

Ce prénom, qui signifie « Bretagne », ou plutôt « Grande-Bretagne », est apparu au tout début de ce XXIe siècle, et son diminutif Brit est très en vogue dans les pays anglo-saxons.

Calédonia

Ce prénom vient de Calédonie, qui était l'ancien nom de l'Écosse. Il est en vogue aux États-Unis.

Chelsea

Ce prénom désigne un quartier de Londres, célèbre au XVIIIe siècle pour sa manufacture. On le rencontre aux États-Unis.

Chine

Tous les mystères de l'Asie se retrouvent dans ce prénom récent et rare.

Cordélia

Délos est la plus petite île des Cyclades. Elle abritait, dans l'Antiquité, le sanctuaire d'Apollon et était un centre économique et culturel au Vᵉ siècle avant J.-C. Cordélia, Cordélie, Délia, Déliane signifient « originaire de Délos ».

Cynthia

Le mont Cynthos, en Grèce, était voué au culte de la déesse Diane. Ce prénom en est issu. Il a été très répandu aux États-Unis, puis il a connu le succès en Europe dans les années 1980, pour être supplanté par son diminutif Cindy.

Dana

Ce prénom anglo-américain est le féminin de Dane, qui signifie « du Danemark ».

Érin

Ce prénom est très en vogue aujourd'hui dans les pays anglo-saxons et sa vogue arrive aujourd'hui en France. Érin est le nom poétique de l'Irlande.

India

Ce prénom était un des favoris aux États-Unis au XIXᵉ siècle. Il évoque l'Inde, tout comme sa variante Indiana.

Isaure

L'Isaurie était une province d'Asie Mineure au VIIIᵉ siècle. Ce prénom en est probablement issu. Il est peu courant, mais très apprécié dans les milieux bourgeois.

Léocadie

Leucade est le nom d'une île Ionienne aujourd'hui rattachée à la terre. Ce prénom en est issu.

Lorraine

C'est la province française qui est à l'origine de l'orthographe de ce prénom. Lauren et Laurène sont, elles, dérivées de Laure, qui signifie « laurier ».

Louisiane

Ce prénom fait référence à l'État des États-Unis, occupé par la France et baptisé ainsi en l'honneur de Louis XIV.

Lourdes

Cette ville qui abrite la grotte miraculeuse où la Vierge apparut à Bernadette Soubirous est un lieu de pèlerinage bien connu des chrétiens. Ce n'est que tout récemment que ce nom devint prénom aux États-Unis.

Lydie

Ce prénom signifie « originaire de Lydie ». La Lydie était un royaume d'Asie Mineure au VIe siècle avant J.-C. Son dernier souverain, Crésus, était célèbre pour son immense richesse, due à l'exploitation de mines d'or.

Fête le 3 août. Sainte Lydie fut l'hôtesse de saint Paul en Macédoine.

Madeleine

Magdala était un village en Galilée. Marie de Magdala y vivait et suivait Jésus. C'est elle qui annonça aux apôtres Sa résurrection. La Magdaléenne est devenue Madeleine. Le XVIIIe siècle, puis le début du XXe siècle virent son apogée.

Fête le 22 juillet. Sainte Marie Madeleine après la Pentecôte serait venue en Gaule évangéliser la Provence.

MARPESSA

Dans l'île de Paros, l'une des Cyclades, dans la mer Égée, existe le mont Marpessus. Le prénom Marpessa en est issu.

PALMYRE

Elle est une ville de Syrie, qui fut au IIIe siècle une plaque tournante du commerce en Asie Mineure.

PHILADELPHIE

Ce port des États-Unis, en Pennsylvanie, est célèbre pour son université ; il est à l'origine du prénom Philadelphia, assez courant outre-Atlantique.

ROMANE et ROMÉA

Elles sont toutes deux romaines, et très en vogue depuis les années 80.

Fête le 28 février. Saint Romain est leur patron.

SIERRA

Ce prénom en vogue aux États-Unis a une étymologie incertaine ; il est possible qu'il soit une transformation de Ciara, prénom irlandais qui signifie « noire ». Mais certains pensent qu'il fait allusion aux chaînes de montagnes dans les pays de langue espagnole. En tout cas, ce prénom est parmi ceux qui sont les plus populaires aux États-Unis actuellement.

SAVANNAH

Ce prénom évoque la ville de Géorgie, aux États-Unis. Il est apparu au XIXe siècle. Les Américains apprécient beaucoup les prénoms géographiques, et celui-ci figure encore aujourd'hui dans les favoris.

Sidonie

C'est la ville de Sidon, aujourd'hui Sayda, qui est à l'origine de ce prénom. Sidon était, au XVe siècle avant J.-C., la rivale de Tyr, et fut ravagée par les Assyriens et les Perses.

Fête le 21 août. Saint Sidoine Apollinaire, évêque de Clermont au Ve siècle, fit preuve d'héroïsme devant l'envahisseur wisigoth.

Wallis

Après Brittany, Érin et Calédonia, il ne manquait plus que le pays de Galles : voici Wallis pour compléter le panorama.

PRÉNOMS DE LA NATURE

Les animaux, la mer, les pierres précieuses, les plantes et les fleurs ont fait naître des bouquets de prénoms, féminins bien sûr, mais aussi masculins, pour le bonheur de ceux qui veulent rendre hommage à la nature.

GARÇONS

BÉRYL

Ce prénom mixte fait référence à une famille de pierres précieuses : vertes, elles sont émeraudes, bleues aigues-marines, jaunes héliodores et roses morganites.

Fête le 29 juin. Saint Pierre, apôtre du Christ, est son patron.

COLOMBAN

C'est une colombe qui est à l'origine de ce prénom que l'on rencontre parfois en Bretagne sous différentes formes : Coloman, Colman, Couleth, Koulizh.

Fête le 23 novembre. Saint Colomban, moine irlandais, évangélisa l'Écosse avant de revenir finir sa vie dans son pays natal.

Corneille

Il est la forme francisée de Cornélius, prénom que l'on rencontrait parfois au XIXe siècle. Il évoque l'oiseau, la corneille.

Fête le 16 septembre. Saint Corneille fut pape au IIIe siècle.

Delphin

Il est un dérivé de Dauphin, qui désigne le mammifère marin.

Fête le 24 décembre. Saint Delphin fut évêque de Bordeaux au IVe siècle.

Florent

Il est « florissant », ce prénom d'origine latine. Ses formes dérivées sont nombreuses et toutes aussi mélodieuses les unes que les autres: Florentin, Florian et Floris, qui ont connu le succès ces dernières années.

Fête le 4 juillet. Saint Florent fut le premier évêque de Cahors au Ve siècle.

Hyacinthe

Il évoque la jacinthe. Ce prénom courant au Moyen Âge est rarissime aujourd'hui.

Fête le 17 août. Saint Hyacinthe fonda plusieurs couvents dominicains au XIIIe siècle en Pologne.

Ilan

Hébraïque, il signifie « arbre ». Il est actuellement très en vogue en Israël.

Laurent

Issu de l'Antiquité, ce prénom latin signifie « laurier ». Il a connu son apogée dans les années 1970, puis le néerlandais Loris est apparu discrètement. Lawrence s'est raréfié en Angleterre, alors que l'italien Lorenzo est en vogue en France.

Fête le 10 août. Saint Laurent fut diacre et martyr à Rome au IIIe siècle.

Lilian

Masculin de Liliane, prénom latin qui signifie « lis », Lilian est apparu tout récemment.

Fête le 27 juillet. Sainte Liliane, chrétienne à Cordoue, subit le martyre au IXe siècle.

Marin

Ce prénom est apparu à Rome dès l'Antiquité ; il était encore répandu dans les premiers siècles en Italie avant de disparaître presque complètement. Il signifie « marin » en latin.

Fête le 3 mars. Saint Marin, soldat romain chrétien en Palestine au IIIe siècle, fut dénoncé et décapité.

Narcisse

Ce prénom était donné, dans la mythologie grecque, à un jeune homme épris de son image ; ainsi naquit le narcissisme. Le prénom ne fut pas souvent attribué.

Olivier

Ce prénom qui évoque l'arbre fait partie des grands classiques. On rencontre aussi sa forme anglaise Oliver, ou sa forme bretonne Olier.

Fête le 12 juillet. Saint Olivier fut au XVIIe siècle un prêtre irlandais victime de calomnies et pendu.

Sylvain

Cet « homme de la forêt », selon son étymologie latine, est un prénom discret, mais toujours présent à l'état civil depuis la moitié du XXe siècle. Auparavant, c'était Sylvestre qui avait la préférence.

Fête le 4 mai. Saint Sylvain fut évêque de Gaza au IVe siècle.

Fête le 31 décembre. Saint Sylvestre fut pape au IVe siècle.

Filles

Alizé

Ce prénom fait référence au vent léger qui souffle sur près du tiers de la surface de la Terre. Il est très en vogue depuis les années 1990.

Amaryllis

Cette fleur d'un rouge éclatant est aussi appelée lis Saint-Jacques.

Fête le 5 octobre, comme Fleur.

Ambre

D'origine arabe, ce prénom désigne l'ambre gris. Il était presque inconnu jusqu'à la fin du XXe siècle, et se révèle depuis 2000. Mais certains préfèrent voir en lui une forme féminine d'Ambroise, prénom d'origine grecque qui signifie « immortel ».

Fête le 7 décembre.

Rendez-vous page 192.

Anémone

Ce prénom qui désigne la fleur a un discret succès.

Fête le 5 octobre, comme Fleur.

Anthéa

En grec, ce prénom signifie « qui a la beauté d'une fleur ». Il est rare.

Fête le 5 octobre avec Fleur.

Béryl

Émeraudes, héliodores, morganites, aigue-marines, ces pierres font partie de la même famille de pierres précieuses, le béryl, qui est à l'origine de ce prénom mixte.

Fête le 29 juin. Saint Pierre apôtre est son patron.

Blancheflor

« Fleur blanche », combinaison du français et du latin, ce prénom nous vient du Moyen Âge. On le rencontre parfois sous ses formes bretonnes Bleuwenn et Bleuzenn.

Fête le 5 octobre. Sainte Fleur est sa patronne.

Camélia

Il est le symbole d'une célèbre maison de couture et d'une grande œuvre littéraire, *la Dame aux camélias*.

Fête le 5 octobre avec Fleur.

Cannelle et Cinnamone

L'épice est à l'origine de Cannelle, qui se fête avec les Fleur le 5 octobre.

Cinnamone qui signifie « fleur de cannelier » est souvent attribué en Israël.

Capucine

Elle a longtemps été la reine de ce bouquet de fleurs. En effet, elle a connu le succès dans les années 1980-1990.

Fête le 5 octobre. Sainte Fleur, religieuse dans le Quercy au XIVe siècle, est sa patronne.

Chani

Ce prénom hébraïque moderne qui signifie « écarlate » a beaucoup d'adeptes en Israël.

Chloé

Ce prénom d'origine grecque qui signifie « jeune pousse » est au hit-parade des prénoms féminins depuis 2000.

Fête le 5 octobre avec sainte Fleur.

Colombe

Elle fait référence à l'oiseau blanc symbole de la paix et de la concorde. Colombine est plus rare.

Fête le 31 décembre. Sainte Colombe quitte sa famille romaine pour vivre dans un groupe de chrétiens au IIIe siècle. Elle est arrêtée et décapitée.

Dahlia

Un botaniste suédois créa une nouvelle fleur qu'on nomma dahlia. Ce prénom en est issu, ainsi que sa forme dérivée Daliane.

Fête le 5 octobre avec Fleur.

Daphné

En grec, ce prénom signifie « laurier ». Dans la mythologie, une jeune nymphe chasseresse poursuivie par Apollon pria le dieu du fleuve de la soustraire aux ardeurs du dieu : il la changea en laurier.

Delphine

Ce prénom qui fait référence au dauphin paraît moderne ; en fait, il a été en vogue au XIXe siècle, et réapparut au milieu du XXe siècle sans jamais être démodé.

Fête le 26 novembre. Sainte Delphine se consacra aux œuvres charitables avec son mari Elzéar, dans le Dauphiné, au XVIe siècle.

Dune

Issu du gaulois, ce prénom signifie « hauteur ». Cette étymologie est aussi celle des dunes de sable.

Églantine

Elle porte le nom de la fleur, qui signifie en latin « porteuse d'épines ». Ce prénom fut lancé par la Révolution française et eut de nombreux adeptes au XVIIIe siècle, puis il est devenu très rare.

Fête le 5 octobre avec Fleur.

Estelle

Voici une « étoile » discrète, mais toujours présente ; si elle ne brille pas au firmament des prénoms, elle ne se démode jamais. Estrella en Espagne, Stella en Italie et dans les pays anglo-saxons, Sterenn en Bretagne font aussi une belle carrière.

Fête le 11 mai. Sainte Estelle fut tuée en Saintonge au Ier siècle par son père furieux qu'elle se soit convertie.

Flora

Ce prénom précède un cortège parfumé : Fleur, Flore, Florelle, Florence, Floriane, Florie, Florine, Florentine.

Fête le 5 octobre. Fleur fut religieuse dans le Quercy au XIVe siècle.

Fête le 24 novembre pour Flora, martyre à Cordoue au IXe siècle.

Fête le 1er décembre pour Florence, religieuse italienne au IVe siècle.

Garance

Ce prénom désigne une couleur rouge foncé, et également une plante à fleurs jaunes qui pousse dans les bois.

Comme toutes les fleurs, elle est fêtée le 5 octobre.

Gemma

Elle est, comme son nom l'indique, une pierre précieuse. Ce prénom date de la Renaissance. Il est assez courant en Italie.

Rendez-vous page 87.

Hadassa

Elle est la myrte, selon son étymologie hébraïque.

Hazel

En anglais, ce prénom signifie « noisette ». Il est encore rare en France.

Heather

Au XIXe siècle, en Grande-Bretagne, les prénoms botaniques avaient bonne presse. C'est à ce moment que Heather, qui signifie « bruyère », apparut. Mais son succès ne se développa que dans les années 1990. Aujourd'hui, il est populaire en Écosse et aux États-Unis.

Fête le 5 octobre. Sainte Fleur est sa patronne.

Holly

Née au XIXe siècle, Holly, qui signifie « houx », a connu le succès dans les années 1960 aux États-Unis. Elle est encore parmi les prénoms préférés en Écosse aujourd'hui.

Fête le 5 octobre avec sainte Fleur.

Ilana

D'origine hébraïque, ce prénom est le féminin d'Ilan qui signifie « arbre ». Ce prénom se décline en Iléana ou, pour sa version française, en Iléane.

Iris

Elle est une fleur, mais aussi, dans la mythologie grecque, la déesse de l'arc-en-ciel, qu'elle porte en écharpe.

Fête le 5 octobre avec sainte Fleur.

Jacinthe

Fleur ou pierre précieuse, Jacinthe est proche de la nature.

Fête le 30 janvier. Sainte Jacinthe fut religieuse au XVIIe siècle en Italie.

Jade

De couleur verte, cette pierre précieuse est très utilisée en Chine. Le prénom fut lancé en Grande-Bretagne avant de connaître le succès en France depuis 1990.

Fête le 29 juin, avec saint Pierre.

Laurie

Ce prénom est l'une des formes féminines de Laurent, qui signifie en latin « laurier ». Ce prénom fut presque constamment présent à l'état civil: Laure a connu le succès au XIXe siècle, Laurence fut un grand classique des années 1970, Laura était en faveur en 1990, Lauren et Laurine lui ont succédé. C'est aujourd'hui Laurie qui séduit les familles.

Fête le 19 octobre. Sainte Laure, chrétienne en Andalousie au IXe siècle, subit le supplice.

Liliane

Ce prénom qui signifie « lis » a été en vogue dans les années 1940. Il est désuet aujourd'hui.

Fête le 27 juillet. Sainte Liliane, chrétienne à Cordoue au IXe siècle, fut persécutée et décapitée.

Malvina

La mauve, de la famille des malvacées, est une plante à fleurs roses ou violettes. Ce prénom en est issu. Il a pour autres formes Malva, Malvane et Malvy.

Fête le 5 octobre avec sainte Fleur.

MARGUERITE

Cette « perle », selon son étymologie latine, grecque ou persane a une longue histoire. Elle apparut dès le Moyen Âge, et de nombreuses souveraines ont porté ce prénom, en France mais aussi en Angleterre, en Écosse, en Italie et en Navarre. Son diminutif Margot est aujourd'hui au hit-parade. Elle est Daisy et Margaret en Angleterre, Greta, Gretel ou Gretchen en Allemagne, Margerie ou Peggy aux États-Unis, Paquita en Espagne, Rita en Italie, Margrethe ou Margit dans les pays nordiques, Magali en Provence, Marc'haïd en Bretagne… Sa cote n'a pas de frontières.

Fête le 20 juillet. Sainte Marguerite d'Antioche fut enlevée par le préfet d'Orient qui voulait l'épouser. Elle refusa, il la fit décapiter.

MARINE

Elle a été une des grandes favorites des années 1990. Marina, sa forme internationale, l'avait précédée de quelques années. En latin, elle signifie tout simplement « marine ».

Fête le 20 juillet. Sainte Marine, travestie en moine, accompagne son père dans un monastère, accepte sans mot dire l'accusation de paternité d'une jeune femme du village, élève l'enfant et meurt d'épuisement, au XIe siècle.

MYRTILLE

D'origine latine, ce prénom signifie « myrte » et fait référence au fruit. Il est plus courant que Cerise ou Prune.

OCÉANE

Ce prénom est le féminin d'Océan, d'origine grecque. Il a pris la relève de Marine au palmarès des prénoms maritimes.

Olivia

Forme féminine d'Olivier, elle a une présence très discrète mais constante. Olive l'avait précédée, surtout dans les familles du sud de la France.

Fête le 5 mars. Sainte Olive fut martyre en Italie au IIIe siècle.

Ondine

Elle signifie « onde » en latin, et connut, avant Marine et Océane, une vogue discrète.

Perrine

Elle est une forme moderne de Pierrette, tombée en désuétude. Comme elle, elle signifie « pierre » en latin. Son succès est très modeste.

Fête le 27 décembre. Sainte Perrine fut décapitée sous la Révolution.

Pétronille

Elle est une des formes féminines de Pierre, en vigueur dès le Moyen Âge et qui connut une vague de succès au XIXe siècle. On rencontrait aussi parfois Pernelle.

Fête le 31 mai. Sainte Pétronille fut martyre à Rome au Ier siècle.

Prune

Après Cerise qui évoque le printemps, Myrtille qui célèbre l'été, voici Prune, qui annonce l'automne, avec sa variante Prunelle.

Rose

Ce prénom fut un grand classique du début du XXe siècle. Oublié pendant plusieurs dizaines d'années, il réapparaît timidement, annoncé par Rosalie. Rosanne, Roseline,

Rosie, Rosine, Rosemarie et la bretonne Rozenn le suivront peut-être. On rencontre aussi quelques Primrose.

Fête le 23 août. Sainte Rose de Lima, au XVIe siècle, se réfugia chez les dominicaines pour ne pas prendre l'époux que son père lui destinait.

Suzanne

C'est le début du XXe siècle qui réserva le meilleur accueil à ce prénom hébraïque, dont la forme originelle est Shoshana, et qui signifie « lis ». Ses diminutifs furent nombreux : Suzel, Suzette, Suzie, Suzon… et aujourd'hui Sanne.

Fête le 11 août. Sainte Suzanne refusa d'épouser le fils de l'empereur : elle fut décapitée.

Sylvie

Grand classique des années 1950, ce prénom d'origine latine qui signifie « forêt » a de nombreuses formes dérivées : Sylvaine, Sylvette, Sylviane et surtout l'internationale Sylvia.

Fête le 5 décembre. Sainte Sylvie, noble romaine au IVe siècle, fut la mère du pape Grégoire le Grand.

Thalassa

Ce prénom qui signifie « mer » en grec était courant en Crète, dans l'Antiquité.

Fête le 22 février. Saint Thalasse fut ermite au Ve siècle.

Ursule

« Ourse » en latin, Ursule est un prénom très ancien, plus fréquent dans les pays germaniques, sous la forme Ursula, qu'en France. On rencontre aussi Ursa et Ursilla.

Fête le 21 octobre. Sainte Ursule avait huit ans lorsqu'elle fut massacrée par les Huns au cours d'un pèlerinage près de Cologne.

VANESSA

Ce prénom latin désigne un petit papillon diurne. Il a été populaire dans les années 1970.

VIOLAINE et VIOLETTE

Ces deux prénoms ont pour origine la fleur.

Fête le 5 octobre comme Capucine, Rose et les autres.

VIRIDIANA

En latin, ce prénom signifie « verdure ». Il est rare en France, plus fréquent en Italie.

Fête le 1er février. Sainte Viridiana fut une religieuse cloîtrée en Toscane au XIIIe siècle.

YASMINE

« Jasmin » est la signification de ce prénom d'origine arabe qui se décline aussi en Jasmine et en Yasmina.

Elle est fêtée le 5 octobre.

ZINNIA

C'est le botaniste allemand Johann Zinn qui donna son nom à cette fleur originaire du Mexique.

Fête le 5 octobre avec sainte Fleur, religieuse dans le Quercy au XIVe siècle.

ZOÉ

Ce prénom grec signifie « vie ». Il est en vogue depuis 2000

Fête le 2 mai. Sainte Zoé, esclave romaine en Turquie au IIe siècle, subit le martyre avec sa famille.

PRÉNOMS DE LA LITTÉRATURE

Ils nomment des personnages de romans, de tragédies, de comédies musicales qui nous ont distraits, amusés, touchés. Pourquoi ne pas les perpétuer dans notre vie quotidienne en les attribuant à nos enfants ?

GARÇONS

ARTHUR

Personnage historique, Arthur, chef britannique qui anima la résistance victorieuse des celtes de Grande-Bretagne à la fin du Ve siècle, devint un héros de légende grâce au roman des *Chevaliers de la Table ronde* de Chrétien de Troyes. Ce prénom celte signifie « ours ». Il est un des favoris depuis 1990.

Fête le 15 novembre. Saint Arthur, moine en Grande-Bretagne, fut soupçonné par le roi Henri VIII de desservir ses intérêts, et exécuté.

CYRANO

On connaît *Cyrano de Bergerac*, d'Edmond Rostand, œuvre écrite à la fin du XIXe siècle. Le héros, symbole de la bravoure, du panache et de l'éloquence, est hélas porteur d'un nez énorme qui le défigure et lui interdit l'amour.

Cyrano de Bergerac a bel et bien existé, et, auteur de comédies satiriques, fut un personnage en vue du XVIIe siècle. Le prénom Cyrano est une forme dérivée de Cyr, qui signifie « maître » en grec.

Fête le 16 juin. Saint Cyr fut martyrisé à l'âge de trois ans en Asie Mineure par le magistrat qui interroge sa mère.

DORIAN

Le portrait de Dorian Gray est une œuvre d'Oscar Wilde. Ce prénom est une forme de Théodore, d'origine grecque, qui signifie « don de Dieu ». Il est en vogue, comme son féminin Doriane.

Fête le 11 novembre. Saint Théodore, abbé d'un monastère à Constantinople au IXe siècle, s'opposa aux iconoclastes, fut emprisonné pendant plusieurs années et mourut des suites de sa captivité.

FAUST

Dès le XVIe siècle apparaît dans la littérature Faust, magicien qui vend son âme au diable Méphistophélès, en échange du savoir et des biens terrestres, inspiré dit-on d'un médecin astrologue. Goethe en fit un drame, Marlowe en fit une pièce, Berlioz et Gounod en tirèrent des opéras. Le patronyme devint prénom, sous la forme Faustin, qui signifie en latin « heureux ».

Fête le 15 février. Saint Faustin est un martyr chrétien du IIe siècle.

GAUVAIN

Ce prénom est celui d'un chevalier symbolisant la courtoisie et la galanterie dans le cycle breton *Les Chevaliers de la Table ronde* de Chrétien de Troyes.

GRALLON

Dans la légende bretonne, Grallon est roi de Cornouaille au Ve siècle, et roi de la ville d'Ys, sur les bords de la baie de Douarnenez, ville défendue des flots par une digue fermée par une porte dont il détenait la clé. Sa fille Dahud lui déroba la clé après une soirée de banquet et de luxure et engloutit la ville.

HORACE

Cette tragédie de Corneille qui exalte la grandeur du sacrifice et la vertu de l'exemple fut jouée en 1640 à Paris.

Rendez-vous page 290.

LANCELOT

Lancelot ou le chevalier à la charrette est un roman de Chrétien de Troyes, au XIIe siècle; Lancelot est l'un des chevaliers de la Table ronde, élevé par la fée Viviane, au service du roi Arthur; il s'éprend de la reine Guenièvre et doit subir par amour tout un cortège d'épreuves. Cette œuvre inspira *Lancelot du Lac*, roman en prose écrit au XIIIe siècle.

MARIUS

Ce prénom méridional qui vient tout droit de la conquête romaine a été illustré par le personnage de Marcel Pagnol, Marius, l'un des héros de la trilogie *César*, *Marius*, *Fanny*.

Rendez-vous page 183.

MERLIN

Dans la légende du roi Arthur, issue du roman des *Chevaliers de la Table ronde*, Merlin est un magicien amoureux de la fée Viviane.

Ogier

Ogier de Danemark est un des héros de *La Chanson de Roland*, chanson de gestes du XIIe siècle. Modèle de bravoure, il ne cesse de venger son honneur bafoué. Ogier ou Oger seraient des formes médiévales de Roger, qui signifie, selon son étymologie germanique, « lance glorieuse ».

Fête le 30 décembre. Saint Roger fut évêque en Italie au XIIe siècle.

Perceval

Perceval ou le conte du Graal est l'un des romans de Chrétien de Troyes, du cycle des chevaliers de la Table ronde, écrit au XIIe siècle. Ce prénom a suivi ces dernières années la vogue de Lancelot et de la plupart des prénoms médiévaux.

Robin

Robin Hood, ou Robin des Bois, est un héros légendaire anglais qui symbolisait la résistance des Saxons à l'envahisseur normand. Il avait pour ligne de conduite de voler aux riches pour donner aux pauvres. Ce prénom, qui est une variante de Robert, prénom germanique qui signifie « illustre gloire », est en vogue depuis 2000.

Rendez-vous page 205.

Rodrigue

Ce prénom d'origine germanique qui signifie « gloire du roi » était rarissime. C'est le héros du *Cid* de Corneille qui lui a donné ses titres de noblesse ; Rodrigue incarne le sens du devoir et de l'honneur.

Fête le 13 mars. Saint Rodrigue fut prêtre et martyr à Cordoue au IXe siècle.

ROLAND

La *Chanson de Roland* a été écrite par Turold au XIe siècle, relatant des faits du VIIIe siècle : le neveu de Charlemagne combattant les sarrasins dans les Pyrénées est trahi par Ganelon et mortellement blessé à Roncevaux. Il sonne de l'olifant pour prévenir l'armée du piège dans lequel le traître veut la jeter.

Fête le 15 septembre. Saint Roland fut ermite en Italie au XIVe siècle.

ROMÉO

Roméo et Juliette est une pièce de William Shakespeare, écrite au XVIe siècle : Roméo et Juliette sont épris l'un de l'autre, mais une rivalité entre leurs familles, les Montaigus et les Capulets, les empêche de s'aimer au grand jour. Ce chef-d'œuvre est passé à la postérité comme le symbole de la passion malheureuse.

Fête le 25 février. Saint Roméo fut moine au XIVe siècle dans le Limousin.

Rendez-vous page 258.

TRISTAN

Inséparable de la belle Iseult, Tristan est un personnage de la légende celtique. Des chants composés par différents auteurs au XIIe siècle ont été rassemblés pour former une œuvre, *Tristan et Iseult*, qui est un des grands classiques de la littérature médiévale. Elle évoque un chaste amour passion.

VALÈRE

Personnage du théâtre de Molière, Valère est la forme originelle de Valéry. Ce prénom d'origine latine signifie « valeureux ».

Fête le 29 janvier. Saint Valère fut évêque de Saragosse au IVe siècle.

Yvain

Ce prénom, forme médiévale d'Yves, fut porté, dans l'œuvre de Chrétien de Troyes *Yvain ou le chevalier au lion,* par un héros qui symbolise l'amour courtois, le courage et la vaillance mis au service de la dame aimée et de la défense des opprimés.

Rendez-vous page 29.

Filles

Atlantide

C'est une île de l'Atlantique qu'on suppose engloutie, et qui a inspiré de nombreux récits légendaires, depuis Platon jusqu'à Pierre Benoit.

Ayla

Prénom de la littérature américaine contemporaine, Ayla évoque une jeune femme de l'époque préhistorique. Ce prénom est répandu aux États-Unis actuellement.

Barbarella

C'est en 1962 que naquit Barbarella, héroïne de bande dessinée qui augure assez bien de la prochaine arrivée de la poupée Barbie. Barbarella mène ses aventures depuis son vaisseau interstellaire. On rencontre parfois ce prénom, qui pourrait être une composition de Barbara, qui signifie « barbare » en latin, et de Belle.

Béatrice

Elle est le personnage de la *Divine Comédie*, de Dante, inspiré par la Florentine Béatrice Portinari au XIIIe siècle, ainsi qu'un personnage de Shakespeare. Béatrix fait partie de la *Comédie humaine* de Balzac.

CANDY

Voici encore une héroïne de dessins animés des années 1980, qui retracent les péripéties d'une petite orpheline sage. Ce prénom est vraisemblablement un diminutif de Candice, prénom dérivé de Candide, qui signifie « blanche ».

Fête le 3 octobre. Sainte Blanche est sa patronne.

CARMEN

Elle est l'héroïne d'un opéra de Bizet inspiré d'une nouvelle de Prosper Mérimée, au XIXe siècle.

Rendez-vous page 85.

CÉLIMÈNE

Elle est un personnage de Molière, symbole d'une jeune fille coquette, spirituelle et aussi un peu… médisante.

CINDERELLA

Telle est la traduction américaine de Cendrillon, héroïne d'un conte de Charles Perrault. Si le prénom français est pratiquement inconnu à l'état civil, on rencontre parfois Cinderella outre-Atlantique.

CLÉLIE

Clélie est une œuvre de Mme de Scudéry, écrite au XVIIe siècle, dans laquelle se trouve la carte du Tendre. Ce prénom d'origine latine signifie « clé ».

Fête le 13 juillet. Sainte Clélia consacra sa courte vie, au XIXe siècle, à l'éducation des enfants pauvres.

COLOMBA

Elle est l'héroïne d'une nouvelle de Prosper Mérimée qui fait le récit dramatique d'une vendetta corse. Ce prénom, comme Colombe et Colombine, signifie… « colombe » en latin.

Fête le 24 novembre. Saint Colomba ou Colman fut un moine irlandais qui évangélisa l'Écosse au VIe siècle.

DORINE

Ce prénom, forme dérivée de Dorothée, est illustré dans l'œuvre de Molière où elle évoque une jeune fille pleine de santé et de bon sens.

Fête le 6 février. Sainte Dorothée fut martyre au IIIe siècle en Asie Mineure.

EMMA

Emma Bovary, personnage de Gustave Flaubert, suscita le scandale à la parution du roman, au XIXe siècle. Le comportement d'Emma, victime de son imagination romanesque, ne supportant pas une réalité bien moins belle que ses rêves, fut appelé le « bovarysme ».

Ce prénom est l'un des plus en vogue actuellement. Emma n'est pas comme on serait tenté de le croire le diminutif d'Emmanuelle, mais un prénom à part entière, d'origine germanique, qui était déjà porté par deux reines de France au IXe siècle.

Fête le 19 avril. Sainte Emma fonda des monastères en Rhénanie au XIe siècle.

ESMÉRALDA

Ce prénom, qui signifie en latin « émeraude », est celui d'une jeune bohémienne dans le roman de Victor Hugo *Notre-Dame de Paris*.

Fête le 10 mars. Saint Smaragde fut un martyr romain au XIIe siècle.

FANNY

Elle est, avec Marius et César, un personnage de l'œuvre de Marcel Pagnol.

Fanny est la forme provençale de Françoise.

Rendez-vous page 324.

FANTINE

Elle est une héroïne des *Misérables* de Victor Hugo.

Ce prénom d'origine latine signifie « enfant ».

Fête le 30 août. Saint Fantin fut abbé en Calabre au Xᵉ siècle.

ISEULT

Elle forme avec Tristan un des couples mythiques de la littérature, issu de la légende celtique. Iseult s'orthographie aussi Yseult, ou Yseul ou parfois Isolde. Ce prénom signifie « belle ».

JULIETTE

Ce prénom fut illustré dans la littérature dans deux œuvres : *Roméo et Juliette* de Shakespeare, et *Justine ou les malheurs de la vertu*, du Marquis de Sade. Ces deux héroïnes sont bien différentes : la première représente la passion malheureuse, la seconde, la perversité face à Justine l'ingénue. Ce prénom est une variante de Julie, d'origine latine, qui signifie « de la famille Iulius ».

Rendez vous page 189.

JUSTINE

Héroïne du roman *Justine ou les malheurs de la vertu*, du Marquis de Sade, Justine est le symbole de la candeur et de l'innocence face à la perversité. Ce prénom a une étymologie latine et signifie « juste ».

Fête le 12 mars. Sainte Justine se fiance à saint Cyprien, mais les amoureux touchés par les Évangiles font vœu de chasteté. Il devint évêque, elle fut nommée abbesse d'un monastère, et tous deux furent victimes des persécutions contre les chrétiens, au IIIᵉ siècle.

LORELEI

Héroïne de légende germanique, la Lorelei est une magicienne dont la voix mélodieuse et la beauté de sirène attiraient les bateliers sur un rocher surplombant le Rhin et provoquaient des naufrages. Lorsque l'évêque la condamna à être enfermée dans un couvent, elle se jeta dans le fleuve.

MÉLISANDE

Dans *Pelléas et Mélisande*, de Maeterlinck, Mélisande est une jeune femme soumise à son destin.

MÉLUSINE

Tout comme Morgane et Viviane, Mélusine est un personnage fabuleux. Dans les romans de chevalerie du Moyen Âge, elle est condamnée à se transformer en serpent chaque samedi.

MORGANE

Ce prénom nomme, dans le roman médiéval *Les Chevaliers de la Table ronde*, une fée bienveillante, sœur du roi Arthur.

Rendez-vous page 41.

NORMA

Forme féminine de Norman, qui signifie « homme du Nord », ce prénom est illustré dans une nouvelle de Walter Scott et surtout dans l'opéra de Bellini.

OPHÉLIE

Elle est un personnage de la tragédie de Shakespeare *Hamlet*. Grec, ce prénom signifie « recours ».

PAMELA

Ce prénom qui signifie en grec « douceur » est celui de l'héroïne du poème *Arcadie* de Philip Sidney écrit en 1580, et du roman anglais de Samuel Richardson.

SHÉHÉRAZADE

Elle est l'héroïne des *Mille et Une Nuits*, contes anonymes écrits à Bagdad, en Égypte et en Perse entre le Xe et le XIIe siècle. Elle est l'amante séduisante, mystérieuse et pudique d'un sultan et représente pour l'Occident tout le charme de l'Orient.

TITANIA

Les Titans étaient, dans la mythologie grecque, des géants. Ce prénom qui signifie « géante » est celui de la reine des fées, dans l'œuvre de Shakespeare *Songe d'une nuit d'été*.

VIVIANE

Elle est l'un des grands personnages du roman médiéval *Les Chevaliers de la Table ronde*: la fée Viviane retient Merlin prisonnier dans la forêt de Brocéliande.

Ce prénom a une étymologie latine et signifie « vivante ».

Fête le 2 décembre. Sainte Viviane fut martyre à Rome au IIIe siècle.

WENDY

Elle est l'héroïne de l'œuvre de James Barrie, *Peter Pan*.

PRÉNOMS PATRONYMIQUES

L'aura d'une personnalité ou la renommée d'une famille furent parfois telles que leur nom de famille passa à la postérité sous forme de prénom. C'est le cas de nombreuses familles patriciennes romaines qui ont eu une grande influence sur la vie sociale et politique de leur temps ; les Iulius, avec Jules César, en sont l'exemple le plus probant. Mais c'est aussi parfois la piété et la bonté qui expliquent ce phénomène : Chantal, Vianney et tout récemment Hélori le montrent.

GARÇONS

AGRIPPA

La famille Agrippa était à Rome, au Ier siècle avant J.-C., une famille patricienne renommée. L'un de ses membres, conseiller de l'empereur Octave, construisit les grands thermes publics de Rome qui portent encore son nom. Ce prénom fut plus tard illustré par le poète Agrippa d'Aubigné au XVIIe siècle. On rencontre aussi sa variante francisée Agrippin.

Fête le 8 août. Saint Agrippin fut évêque d'Autun au VIe siècle.

BRUCE

Ce nom était porté par un chevalier normand compagnon de Guillaume le Conquérant, originaire de Bruis, dans le Cotentin. Bruce fut adopté comme prénom par les Écossais dès le XIVe siècle. En revanche, il fut et il est toujours très peu utilisé en France.

CASSIEN

Les Cassius étaient des patriciens célèbres à Rome au Ier siècle. Cassien en est issu.

Fête le 5 août. Saint Cassien, maître d'école chrétien à Imola au IIIe siècle, fut mis à mort pas ses élèves à coups de stylets.

DANTE

Ce prénom fut porté par l'écrivain italien de la Renaissance Dante Alighieri, auteur de la *Divine Comédie*, issu d'une famille de la noblesse florentine. Il est l'une des grandes figures de la culture italienne.

FABIEN

La famille Fabius était renommée à Rome au Ier siècle, en particulier grâce au vainqueur d'Hannibal, le général Fabius. À travers les âges, ce patronyme est devenu prénom. La forme occitane Fabian a aujourd'hui davantage de succès que Fabien.

Fête le 20 janvier. Saint Fabien fut pape et martyr au IIIe siècle.

FLAVIEN

Le mot latin flavius signifie « blond ». Sans doute les Flavius étaient-ils blonds ? En tout cas, ils furent célèbres dans la Rome antique : cette famille patricienne donna naissance à plusieurs empereurs qui régnèrent au Ier siècle : Vespasien, Titus et Domitien. Ce prénom en est issu.

Fête le 24 février. Saint Flavien fut diacre et martyr en Tunisie au IIIe siècle.

GONZAGUE

Louis de Gonzague, jeune homme pieux issu d'une noble famille en Italie au XVIe siècle, entra chez les jésuites contre l'avis de ses parents et se dévoua au service des malades. Il mourut de la peste en exerçant son sacerdoce. Son patronyme passa à la postérité en devenant prénom.

Fête le 10 janvier.

HÉLORI

Ce patronyme fut celui de saint Yves, avocat et prêtre breton du XIIIe siècle qui consacra sa vie à la défense des pauvres et aux soins des malades.

Fête le 19 mai. Saint Yves, avocat des pauvres en Bretagne au XIIIe siècle, fut un modèle de générosité et de piété.

Rendez-vous page 29.

HOMÈRE

Né en Grèce au IXe siècle avant J.-C., Homère fut l'un des grands poètes de l'Antiquité. Sa vie est peu connue mais on lui attribue l'*Iliade* et l'*Odyssée* qui chantent les aventures d'Ulysse et les péripéties de la guerre de Troie. Homère fut représenté par les sculpteurs puis par les peintres comme un conteur aveugle. Son œuvre qui fit d'abord partie de la tradition orale fit l'objet d'une édition écrite à la fin du VIe siècle.

HORACE

Poète latin au VIIIe siècle avant J.-C., indépendant et épicurien, Horace fut l'auteur de poèmes satiriques et de recueils lyriques. Il fut l'auteur de la célèbre maxime « carpe diem », c'est-à-dire « profite du jour présent ». Ce prénom signifie « de la famille Horacius ».

JULES et JULIEN

Les Iulius étaient des patriciens à Rome, qui prétendaient descendre d'Ascagne, roi du Lavinium, fils d'Énée, personnage légendaire; de cette famille est issu Jules César. Ce patronyme évolua vite en prénom et fut courant dans l'Antiquité. Il réapparut en force au XIXe siècle, à ce point qu'il devint nom commun, « mon jules, un jules », désignant un homme viril; le prénom disparut, et revient en vogue depuis 2000.

Julien a la même origine. Il a connu le succès dans les années 1980, tout comme sa forme anglaise et occitane Julian.

Fête le 12 avril. Saint Jules fut pape au IVe siècle.

Fête le 2 août. Saint Julien fut fondateur de la congrégation des Prêtres du Saint Sacrement au XIXe siècle.

JUVÉNAL

Ce poète latin fut, au Ier siècle, auteur de *Satires* dans lesquelles il s'attaqua aux mœurs corrompues de Rome.

SABIN

Les Sabini étaient un peuple qui vivait près de Rome dans l'Antiquité. Une guerre éclata entre les Sabins et les Romains jusqu'à la signature d'un traité d'alliance qui établit la cohabitation. Le prénom Sabin est issu de cette tribu.

Fête le 17 janvier. Saint Sabin fut évêque de Plaisance au Ve siècle.

SERGE

Ce prénom qui évoque les pays slaves où il est très répandu a une origine latine. Il est en effet issu de la famille patricienne Sergius, une des grandes familles célèbres de la Rome antique.

Fête le 25 septembre. Saint Serge fut ermite en Russie au XIVe siècle et fondateur du monastère de la Trinité.

Sulpice

Les Sulpicius étaient les membres d'une famille patricienne très respectée à Rome au Ier siècle. Ce prénom en est issu.

Fête le 29 janvier. Saint Sulpice fut un disciple de saint Martin, au IVe siècle.

Tatien

Tatius fut, d'après la légende, le roi des Sabins, peuplade vivant près de Rome dans l'Antiquité. Il dut accepter la cohabitation avec les romains dans la même ville.

Térence

Térence fut un poète comique latin, qui se plaisait à tourner en dérision les mœurs de son temps. Il fut un modèle pour Molière. Son prénom était issu du patronyme d'une riche famille patricienne de Rome, les Térentius.

Fête le 10 avril. Saint Térence, chrétien carthaginois au IIe siècle, mourut en martyr.

Tibère

Une illustre famille romaine se nommait Tiberius au Ier siècle, qui donna un empereur. Redouté pour ses accès de colère, Tibère imposa la terreur; aigri et malade, il termina sa vie à Capri, laissant le gouvernement au préfet du prétoire.

Fête le 10 novembre. Saint Tibère fut martyr en Gaule près d'Agde au IVe siècle.

Titien

Le peintre Tiziano Vecellio, dit Titien, fut un des maîtres de l'art vénitien. Les monarques François Ier et Charles

Quint l'honorèrent de très nombreuses commandes. Le prénom Titien est la traduction française de ce prénom italien.

VIANNEY

Jean-Marie Vianney vivait parmi les siens, modestes cultivateurs, au XIXe siècle dans le Lyonnais. Peu instruit, il se révéla cependant un prédicateur hors pair et devint curé de la paroisse d'Ars. Ses prêches firent l'unanimité. Son nom se répandit et devint prénom.

Fête le 4 août.

VIRGILE

Poète latin du Ier siècle avant J.-C., Publius Vergilius Maro, ou Virgile, fut l'auteur d'œuvres magistrales : *l'Énéide, les Bucoliques, les Géorgiques.* Il bénéficia de la protection de l'empereur Auguste et son œuvre fut la plus importante du monde latin de cette époque.

Fête le 10 octobre. Saint Virgile, moine évangélisateur irlandais, devint évêque de Salzbourg au VIIIe siècle.

FILLES

AGRIPPINE

On connaît l'héroïne des bandes dessinées. Mais ce prénom est très ancien ; il fut très répandu dans la Rome antique. Il a pour origine le nom de la famille Agrippa, famille patricienne de Rome au Ier siècle. Deux impératrices le portèrent : la mère et la fille, Agrippine l'Ancienne, fille du général Agrippa, mère de neuf enfants dont Caligula, et Agrippine la Jeune. Cette dernière fut la mère de Néron. Elle épousa en troisièmes noces l'empereur Claude, qu'elle fit assassiner pour placer son fils sur le trône. Mais elle se révéla une mère envahissante et son fils la fit assassiner.

Fête le 8 août. Saint Agrippin, évêque d'Autun au VIe siècle, est son patron.

Cassiane

Comme Cassien, ce prénom est issu du patronyme de la famille Cassius. Cassia et Cassienne en sont des variantes.

Fête le 5 août.

Chanel

Gabrielle Chanel, dite Coco, fut plus qu'une styliste hors pair; elle créa un style féminin qui est encore aujourd'hui symbole de l'élégance. Ce n'est pas en France mais aux États-Unis où le célèbre parfum n° 5 représente le summum du raffinement que ce prénom apparut dans les années 1990.

Chantal

Jeanne-Françoise de Rabutin-Chantal est au XVIe siècle une jeune veuve. Elle fonde avec saint François de Sales, à Annecy, l'ordre de la Visitation. Son patronyme devint prénom et connut un grand succès dans les années 1950.

Fête le 12 décembre.

Clélie

Ce prénom est une forme francisée de Cloélia, qui signifie « de la famille Cloélia ». Cette famille patricienne était célèbre à Rome au Ier siècle. On rencontre aussi Clélia.

Fête le 13 juillet. Sainte Clélia, jeune institutrice, consacra sa vie à l'enseignement de la lecture, de l'écriture et de la prière aux jeunes enfants. Elle mourut à 23 ans.

Coralie et Corinne

Korê signifie en grec « jeune fille » ; dans l'art archaïque de la Grèce antique, les korai étaient des statues de jeunes filles en tenue de fête. Par ailleurs, Korinna était, en Grèce au Ve siècle avant J.-C., une poétesse rivale de Pindare. Les prénoms Coralie, ainsi que son diminutif Cora, et Corinne en sont issus.

Fête le 18 mai. Sainte Corinne fut une martyre chrétienne à Rome au IIIe siècle.

Fabienne

Féminin de Fabien, elle signifie « issu de la famille Fabius ». La forme originelle de Fabienne est Fabiola, prénom très usité en Espagne de nos jours.

Fête le 20 janvier. Sainte Fabiola, riche patricienne à Rome au IVe siècle, accueillit pauvres et déshérités dans son palais.

Hortense

Les Hortensius étaient de riches patriciens à Rome au Ier siècle. Le prénom Hortens, masculin à l'origine, en est issu. Il se féminisa dès l'Antiquité.

Fête le 11 janvier. Saint Hortens fut évêque de Césarée au IIIe siècle.

Julia, Julie, Julienne, Julitte et Juliette

Comme Jules, ces prénoms sont issus du patronyme de la famille Iulius. Le prénom Julie fut très couramment porté dans l'Antiquité.

Fête le 8 avril. Sainte Julie fut au XIXe siècle fondatrice d'une institution pour l'éducation des enfants pauvres.

Fête le 30 juillet. Sainte Juliette, veuve romaine, fut dénoncée et brûlée vive à Césarée au IVe siècle.

LIVIA

La famille Livius était patricienne et célèbre à Rome au Ier siècle avant J.-C. Ce prénom en est issu. Livia fut la femme d'Auguste, au Ier siècle ; elle avait eu d'un précédent mariage Tibère qu'elle fit adopter par son mari.

Fête le 13 novembre. Sainte Livia, religieuse en Italie au XIXe siècle, fut assassinée par un des malades qu'elle soignait.

LUCRÈCE

« Celui qui gagne » est la signification de ce prénom d'origine latine, masculin à l'origine, qui fut porté par un poète latin du Ier siècle avant J.-C., précurseur de Virgile et d'Ovide. Ce prénom devint rapidement mixte, puis exclusivement féminin. Lucretia, Lucrezia sont ses formes italiennes assez courantes.

Fête le 15 mars. Sainte Lucrèce, musulmane à Cordoue au IXe siècle, se convertit et mourut décapitée.

MAZARINE

Jules Mazarin fut prélat, diplomate et homme politique au XVIIe siècle. Ministre pendant la minorité de Louis XI, il fut le principal conseiller de la régente Anne d'Autriche. Les « mazarines » étaient ses nombreuses nièces pour lesquelles il trouva de beaux partis.

MESSALINE

Ce prénom signifie « de la famille Messala ». Femme de l'empereur Claude, Messaline eut une vie très dissolue et mourut assassinée.

Fête le 23 janvier. Sainte Messaline visita saint Félicien, emprisonné par les hommes de l'empereur Dèce au IIIe siècle ; elle fut arrêtée et condamnée au supplice elle aussi.

SABINE

Les Sabins étaient établis près de Rome. Les Sabines furent enlevées par les Romains et les Sabins, pour sauver leurs femmes, leur déclarèrent la guerre. Il s'ensuivit un traité d'alliance qui établit une cohabitation entre les deux peuples.

Le prénom fut porté pendant l'Antiquité, comme l'atteste l'impératrice Sabine, femme d'Hadrien, très aimée du peuple, et qui fut divinisée après sa mort.

Fête le 29 août. Sainte Sabine, riche veuve patricienne à Rome au IIIe siècle, fut convertie par son esclave et mourut avec lui.

DIMINUTIFS

Jadis réservés au cadre familial ou amical, les diminutifs ont maintenant droit de cité à l'état civil et sont considérés comme des prénoms à part entière. C'est dans les pays anglo-américains et dans les pays slaves que les diminutifs ont jusqu'alors été les plus fréquents. Voici une sélection des diminutifs attribués comme prénoms que l'on rencontre de plus en plus souvent en France et en Europe aujourd'hui.

GARÇONS

ALEX

On le donne pour Alexis ou Alexandre. En Grande-Bretagne, Alex devient Alec. À noter aussi, Aliosha, diminutif russe d'Alexis.

Fête le 17 février ou le 3 mai.

Rendez-vous page 111.

ANDY

Il est le diminutif de l'anglais Andrew, traduction d'André, prénom d'origine grecque qui signifie « homme ».

Fête le 30 novembre. Saint André fut disciple du Christ.

Bastien

Ce prénom est le diminutif de Sébastien, grand favori des années 1970. D'origine grecque, il signifie « honoré ». Il est à présent en faveur à son tour.

Fête le 20 janvier. Saint Sébastien, officier romain, secourut les chrétiens persécutés ; il subit le martyre à son tour.

Ben

Ben est un prénom à part entière, mais il peut aussi être le diminutif de Benjamin, prénom classique des années 1980. Il est Benny outre-Manche, et, d'origine hébraïque, signifie « fils de bon augure ».

Fête le 31 mars.

Rendez-vous page 156.

Colas et Colin

Tous deux sont des diminutifs de Nicolas, prénom d'origine grecque qui signifie « victoire du peuple ».

Rendez-vous page 116.

Dan

Bien que Dan soit le prénom d'un personnage biblique, il peut aussi être considéré comme un diminutif de Daniel, plus court et plus moderne que Dany.

Fête le 11 décembre.

Rendez-vous page 156.

Davy

Est-ce le souvenir de Davy Crockett qui relance ce prénom, diminutif de David ? Comme lui, il signifie, dans l'étymologie hébraïque, « le bien-aimé ».

Fête le 29 décembre.

Rendez-vous page 157.

Grischka

Il est un diminutif de Grégori, Grégoire en russe. Les américains emploient souvent Greg pour la forme Grégory.

Fête le 3 septembre.

Rendez-vous page 114.

Jerrie

Il est, aux États-Unis, employé couramment pour Jérémie, prénom biblique très répandu outre-Atlantique dans les années 1990.

Fête le 1er mai.

Rendez-vous page 160.

Josse

Il est le diminutif de Josselin, prénom d'origine germanique en référence au dieu Gauz.

Fête le 13 décembre.

Laszlo

Diminutif du slave Ladislas, lui-même diminutif de Vladislas, ce prénom fait référence à la gloire.

Fête le 27 juin.

Rendez-vous page 118.

Léo

Qu'il soit donné pour Léon, Léonard ou Léonce, Léo, par son étymologie latine, évoque le lion. Ce prénom est en vogue depuis les années 1990.

Fête le 10 novembre. Saint Léon fut pape au Ve siècle.

Liam

Diminutif de William, forme anglo-américaine de Guillaume, ce prénom est fréquent en Irlande et apparaît en France.

Fête le 10 janvier. Saint Guillaume, archevêque de Bourges au XIIIe siècle, est son patron.

Lom

Rare, ce diminutif de Guillaume se rencontre en Bretagne.

Fête le 10 janvier. Saint Guillaume, archevêque de Bourges au XIIIe siècle, est son patron.

Matt et Matti

L'un et l'autre sont des diminutifs de Matthieu ou Matthias. Qu'importe, leur origine est la même, hébraïque, et ils signifient tous deux « don de Dieu ».

Fête le 21 septembre ou le 14 mai.

Rendez-vous page 162.

Max

Ce prénom est le diminutif de Maxime, prénom d'origine latine qui signifie « le plus grand ». Après avoir été courant dans l'Antiquité, Maxime connut une vague de succès dans les années 1980 et Max l'a suivi un peu plus tard.

Fête le 14 avril. Saint Maxime le Confesseur fut le conseiller de l'empereur à Constantinople, au VIe siècle. Il le quitta pour aller prêcher en Afrique du Nord, il fut condamné.

Ralph et Rudy

Ces prénoms sont les diminutifs de Rodolphe, qui signifie « loup conseiller ». Le prénom Raoul en est une autre forme.

Fête le 17 juillet. Saint Rodolphe est assassiné avec ses parents en Suisse au XIIIe siècle, alors qu'il est tout enfant.

Sacha

Malgré Sacha Guitry, Sacha Pitoëff, Sacha Distel, ce diminutif d'Alexandre était rare. Il est aujourd'hui plus courant et il est devenu mixte, bien qu'il soit plus souvent masculin. On l'écrit aussi Sasha.

Fête le 3 mai. Saint Alexandre, pape au IIe siècle, subit le martyre sur ordre de l'empereur Trajan.

Sam et Sami

Ils sont tous deux issus de Samuel, prénom hébraïque qui signifie « son nom est Dieu ».

Rendez-vous page 166.

Stassia

Assez fréquent dans les pays slaves, il est le diminutif d'Anastase, prénom d'origine grecque qui signifie « résurrection ».

Fête le 22 janvier.

Stevie

Étienne et Stéphane, qui en grec signifient « couronné », ont de nombreuses formes dérivées étrangères. Steve et Stevie les anglo-saxons ont été favoris dans les années 2000.

Fête le 26 décembre. Saint Étienne, diacre à Jérusalem au Ier siècle, fut le premier martyr chrétien.

Théo

Grand favori de ces dernières années, Théo est un diminutif de Théodore. Prénom tout simple, mais grandiose, puisque issu du grec « theos » il signifie « dieu ».

Fête le 9 novembre. Saint Théodore, abbé d'un monastère à Constantinople au IVe siècle, est emprisonné par l'empereur qu'il avait sermonné pour ses mœurs.

Tim

Timothée est en vogue et son diminutif Tim accompagne son succès. Selon son étymologie grecque, Timothée est « celui qui honore Dieu ».

Fête le 26 janvier. Saint Timothée fut disciple de saint Paul et le premier évêque d'Éphèse.

Titouan

Ce prénom est le diminutif occitan d'Antoine, qui en latin signifie « inestimable ».

Fête le 17 janvier.

Rendez-vous page 177.

Tola

Comme Astola et Tolia, Tola est un diminutif d'Anatole, prénom courant dans les pays slaves, qui, d'origine grecque, signifie « aurore ».

Fête le 3 février.

Rendez-vous page 111.

Tom

Tom et Tommy sont des diminutifs de Thomas, prénom d'origine araméenne qui signifie « jumeau »; ils sont fréquents aux États-Unis. Tom est en vogue depuis peu en Europe, prenant la succession de Thomas, prénom phare des années 1980.

Fête le 3 juillet. Saint Thomas fut apôtre de Jésus.

Tony

Ce diminutif fut très souvent attribué aux petits garçons à la place d'Antony dans les pays anglo-saxons. Maintenant, il est un peu démodé, alors qu'Antoine se porte toujours bien en Europe.

Fête le 17 janvier.

Rendez-vous page 177.

Tual

On donne ce prénom parfois à la place de Tugdual, plus difficile à prononcer. Celte, il signifie « bonne valeur ».

Fête le 30 novembre.

Rendez-vous page 29.

Filles

Brit

Récent, le prénom Brit est le diminutif de Brittany, prénom anglo-américain qui signifie « de Grande-Bretagne ».

Célia

Elle est le diminutif de Cécilia, forme latine de Cécile, qui signifie « aveugle ».

Fête le 22 novembre. Sainte Cécile convertit son futur époux Valérien ; aussitôt après le baptême, elle est martyrisée avec lui, à Rome, au IIe siècle.

Cindy

Ce prénom est le diminutif de Cynthia, prénom apprécié outre-Manche. Il a été illustré récemment par un mannequin vedette et sa cote s'en est trouvée accrue pendant quelques années.

Rendez-vous page 260.

Cléo

Ce prénom, révélé dans les années 1970, est le diminutif de Cléopâtre.

Fête le 19 octobre. Sainte Cléopâtre accueillit les chrétiens persécutés au IVe siècle en Palestine.

Elsa

Ce diminutif d'Élisabeth, prénom à part entière depuis les années 1980, a totalement supplanté l'italienne Bettina, et les anglo-saxonnes Liz et Liza. Ilse, sa forme scandinave, a beaucoup de succès.

Fête le 17 novembre. Sainte Élisabeth est sa patronne.

Fanchon

Elle est un diminutif normand de Françoise, personnage de contes et légendes à travers les siècles. Ce prénom a pratiquement disparu aujourd'hui.

Fête le 9 mars.

Rendez-vous page 324.

Fanny

Voici encore Françoise, sous une forme diminutive méridionale cette fois-ci, illustrée par l'héroïne de l'œuvre de Marcel Pagnol.

Fête le 9 mars.

Rendez-vous page 324.

Gaïd

Tout comme Gaïdig, elle est un diminutif de Marc'harid, ou Margaïd, formes bretonnes de Marguerite, prénom latin qui signifie « perle ».

Fête le 16 novembre.

Rendez-vous page 253.

Godiva

Elle est le diminutif de Godelieve, prénom médiéval germanique qui signifie « peuple de Dieu ».

Fête le 6 juillet.

Rendez-vous page 212.

Heidi

Ce prénom est le diminutif germanique d'Adélaïde.

Fête le 16 décembre. Sainte Adélaïde, veuve du roi de Bourgogne puis de l'empereur d'Allemagne, au Xe siècle, assura la régence de son fils et de son petit-fils en privilégiant l'implantation de l'Église.

Jody

Comme Judy, ce prénom est un diminutif de Judith, d'origine hébraïque, qui signifie « juive ».

Fête le 5 mai.

Rendez-vous page 171.

Kim

Forme diminutive de Kimberley, qui signifie « prairie royale ». Fréquent outre-Atlantique, Kim commence à poindre en Europe.

Kitty

Cathie fut le diminutif préféré de Catherine dès les années 1950. Kitty, qui a une connotation anglo-saxonne, lui est nettement préférée aujourd'hui.

Fête le 25 novembre.

Rendez-vous page 321.

Léna

Elle est un des diminutifs d'Hélène, plus moderne et plus usuel que Peggy, mais aussi sa forme bretonne. Léna est en faveur depuis 2000.

Fête le 18 août. Sainte Hélène, mère de l'empereur Constantin en Grèce au IVe siècle, est sa patronne.

Leska

Sandra et Sandrine ont connu un grand succès dans les années 1970. Ces deux formes diminutives d'Alexandra, prénom royal du début de ce siècle, sont devenues rares alors que l'on découvre ce nouveau diminutif, Leska.

Fête le 20 mars.

Rendez-vous page 119.

Liesel

Élise et Lise étaient considérées comme des formes diminutives d'Élisabeth. Elle ont connu une vague de ferveur, mais aujourd'hui, la forme germanique Liesel séduit.

Fête le 17 novembre. Sainte Élisabeth, cousine de Marie et mère de saint Jean-Baptiste, est sa patronne.

Lina

Ce prénom peut aussi bien être le diminutif d'Aline, ou de Céline, que de Marcelline… Il est assez présent à l'état civil depuis 2000.

Loelia

Elle est le diminutif de Cloelia ou Clélia, prénom patronymique de l'Antiquité.

Fête le 13 juillet. Sainte Clélia fut une pieuse institutrice en Italie au XIXe siècle.

Lola

Tout comme Lolita, elle est un diminutif de Dolorès, prénom espagnol courant qui signifie « douleurs ». Si Dolorès est typiquement hispanique, la renommée de Lola a franchi les frontières.

Fête le 11 juin. Sainte Dolorès fut religieuse et fondatrice d'une école pour enfants pauvres en Espagne au XIXe siècle.

Lolita

Le succès du roman de Vladimir Nabokov *Lolita* fut tel que ce prénom passa dans le langage commun pour désigner une toute jeune fille belle et séduisante.

Lou

Prénom en vogue, Lou est tout naturellement le diminutif de Louise. Il est apparu très timidement au XIXe siècle, se manifesta sous la forme Marie-Lou dans les années 1950, puis il connaît aujourd'hui un franc succès, seul ou en forme composée : Leelou, Lou-Anne…

Fête le 15 mars.

Rendez-vous pages 231 et 252.

Mae

Elle concurrence May, Mia, Minnie, Molly, Moïra, qui, elles aussi, sont des formes diminutives de Myriam, forme originelle de Marie, prénom intemporel.

Fête le 15 août. Sainte Marie mère de Jésus est sa patronne.

Margot

Le reine Margot s'appelait Marguerite de Valois. Il a fallu plusieurs siècles pour que ce prénom revienne à la mode, dès les années 1990. On orthographie souvent ce prénom

Margaux, en référence au cru du vignoble bordelais, et non plus à l'histoire de France.

Fête le 16 novembre.

Rendez-vous page 253

NAÏG et NAÏS

Voici deux diminutifs régionaux pour Anne ; le premier est breton, et fait référence à Annaïg, le second, provençal, est issu d'Anaïs.

Fête le 26 juillet.

Rendez-vous page 167.

NASTASSIA

Anastasia est un des grands prénoms traditionnels russes. Il nomma l'une des dernières grandes-duchesses. Sa forme diminutive est en vogue actuellement.

Fête le 14 août. Sainte Anastasie se fit baptiser à Rome au IIIe siècle ; elle fut dénoncée et subit le martyre.

NINE et NINA

Dans sa grande simplicité, Nine a remplacé Ninette et Ninon, formes diminutives d'Anne attribuées dès le XVIIe siècle. Nina se fait remarquer depuis 2000.

Fête le 26 juillet. Sainte Anne est la mère de la Vierge Marie.

Rendez-vous page 167.

NORIG

Énora est un prénom très en vogue actuellement. Celte, il signifie « honneur ». Norig est son diminutif, assez fréquent en Bretagne.

Fête le 14 octobre. Sainte Énora épouse Efflam et le persuade de faire vœu de chasteté comme elle ; il accepte et ils se retirent chacun dans un oratoire, en Bretagne, au Ve siècle.

Sacha

Ce diminutif masculin d'Alexandre est devenu mixte, sans doute pour sa terminaison en *a*, commune à bien des diminutifs russes.

Fête le 20 mars. Sainte Alexandra mourut en martyre avec plusieurs compagnes de prière en Asie Mineure au IVe siècle.

Sally

Elle est une forme diminutive anglo-américaine de Sarah, courante outre-Atlantique.

Fête le 20 décembre. Sainte Sarah suit Marie-Salomé dont elle est la servante en Gaule après la Pentecôte.

Rendez-vous page 174.

Sandra et Sandrine

Ces formes diminutives d'Alexandra sont devenues des prénoms à part entière dans les années 1970. Elles sont désuètes aujourd'hui. C'est Sacha qui les remplace.

Fête le 20 mars. Sainte Alexandra, chrétienne en Asie Mineure au IVe siècle, mourut en martyre avec plusieurs compagnes de prière.

Sanne

Suzanne est un beau prénom un peu désuet qui signifie, selon son étymologie hébraïque, « lis ». Suzette et Suzie ont connu le succès au début du XXe siècle. Sanne prend le relais.

Fête le 11 août. Sainte Suzanne, fille d'un sénateur romain, est décapitée pour avoir refusé d'épouser le fils de l'empereur.

SOEZ et SOIZIC

Françoise, en breton, se dit Fransez. Soizic a été un diminutif courant dans les années 1950, Soez prend le relais.

Fête le 9 mars. Sainte Françoise, romaine au XVe siècle, soigne de la peste sa famille et ses amis et à leur mort se retire dans un couvent.

TESS

Comme Tessa, ce prénom est le diminutif anglo-saxon de Thérèse, d'origine grecque, qui signifie « chasse ».

Fête le 1er octobre. Sainte Thérèse d'Ávila, carmélite au XVIe siècle, fut docteur de l'Église, sainte Thérèse de Lisieux fut également carmélite au XIXe siècle.

THÉA

Après le succès de Théo, il était normal que Théa apparaisse, digne diminutif de Théodora, prénom grec qui signifie « don de Dieu ». On rencontre aussi Théana.

Fête le 28 avril. Sainte Théodora, enfermée dans un lupanar pour avoir refusé de renier sa foi, en Égypte au IVe siècle, s'enfuit, fut reprise et condamnée au supplice

WILMA

Ce prénom est un diminutif de Guillemette, féminin de Guillaume. Il est très en vogue dans les pays nordiques.

Fête le 10 janvier. Saint Guillaume, archevêque de Bourges au XIIIe siècle, est son patron.

ZAÏG

Ce diminutif à la sonorité originale est issu de Loiezaïg, forme bretonne de Louise, qui signifie « glorieux combattant ».

Fête le 15 mars.

Rendez-vous page 252.

ZELDA

Elle est le diminutif de Griselda, forme dérivée du prénom latin Grâce.

Fête le 21 août. Sainte Grâce, fille de l'émir de Valence en Espagne au XIIe siècle, est décapitée sur ordre de son père pour s'être convertie.

Prénoms perdus de vue

Ils ont vécu, dans les années 1920, 1950 ou 1970. Ils n'ont plus l'attrait de la nouveauté, et pas encore le charme des prénoms rétro. Désuets, démodés, ils sont pour l'instant « au placard ». Mais nous ne voulions pas complètement les oublier.

Garçons

Alain

Il fut un champion des années 1950, ce prénom d'origine latine, qui signifie « de la tribu des Alani ». C'est sa forme bretonne Alan, orthographiée aussi Allan, qui est en vogue aujourd'hui.

Fête le 9 septembre. Saint Alain fut dominicain en Bretagne au XVe siècle.

Albert

Les années 1920 ont consacré ce prénom d'origine germanique, qui signifie « noble et illustre ».

Fête le 15 novembre. Saint Albert, né allemand, dominicain en Italie au XIIe siècle, rédigea de nombreux traités scientifiques avant de devenir évêque de Ratisbonne et conseiller du pape, ainsi que docteur de l'Église.

André

D'origine grecque, André signifie « homme ». Il fut courant au début du XXe siècle, mais il est aujourd'hui absent. Ses formes étrangères Andréa l'italien, Andreas le scandinave se rencontrent parfois.

Fête le 30 novembre. Saint André fut disciple du Christ.

Bernard

Ce prénom d'origine germanique, qui signifie « ours fort », fut un des favoris de la première moitié du XXe siècle. Bernardin fut plus discret.

Fête le 20 août. Saint Bernard, moine bourguignon au XIe siècle, fonda un monastère en Champagne, lutta contre les albigeois, prêcha la croisade et fut proclamé docteur de l'Église.

Bruno

Malgré une sonorité méridionale, ce prénom est germanique et signifie « bouclier ». Il fut en vogue au milieu du XXe siècle.

Fête le 6 octobre. Saint Bruno, théologien allemand, fonda un monastère dans le massif de la Chartreuse au XIe siècle.

Christian

Ce prénom des années 1950 est d'origine grecque et signifie « messie ».

Fête le 12 novembre. Saint Christian, cuisinier dans un monastère en Pologne au XIe siècle, est assassiné par des païens.

Christophe

Il a suivi Christian au hit-parade des prénoms. Grec lui aussi, il signifie « celui qui porte le Christ ».

Fête le 25 juillet. Saint Christophe, géant mauvais garçon reconverti en passeur de rivières au IIIe siècle, porta un jour l'Enfant Jésus sur ses épaules ; après ce miracle, il se fit baptiser et convertit ceux qu'il convoyait.

Didier

Ce prénom en vogue au Moyen Âge a connu un succès d'estime dans les années 1950. Latin, il signifie « celui qui désire ».

Fête le 23 mai. Saint Didier, évêque de Vienne au VIe siècle, fut assassiné sur ordre de la reine Brunehaut à qui il reprochait son inconduite.

Dominique

Ce prénom mixte est latin et signifie « maître ». Dans les années 1950, il prénommait aussi bien les garçons que les filles. La forme composée Marie-Dominique était également courante.

Fête le 8 août. Saint Dominique, prêtre espagnol venu combattre l'hérésie cathare, fonda l'ordre des dominicains.

Fabrice

En latin, il est « savant ». Apparu dans les années 1960, il disparut au profit de Brice.

Fête le 22 août. Saint Fabrice fut martyr à Tolède au IIIe siècle.

Franck et Francis

Variantes de François, ces prénoms connurent le succès dans les années 1940.

Fête le 4 octobre ou le 24 janvier. Saint François d'Assise ou saint François de Sales sont leurs patrons.

GEORGES

Les années 1930 ont vu son apogée. Ce prénom grec qui signifie « homme qui travaille la terre » a complètement disparu. Joris, forme néerlandaise du prénom, est apparu dans les années 1990.

Fête le 23 avril. Saint Georges, chevalier romain, fut martyr en Cappadoce au IIIe siècle.

GÉRARD

D'origine germanique, ce prénom qui signifie « dure lance » était courant dans les années 1940. Gérald et Géraud, d'étymologie voisine, ont été plus rares.

Fête le 3 octobre. Saint Gérard fonda un monastère à Namur au IIIe siècle.

GILBERT

C'est au tout début du XXe siècle que ce prénom d'origine germanique qui signifie « illustre otage » fut en vogue. Il est désuet de nos jours.

Fête le 7 juin. Saint Gilbert fonda des monastères au XIIe siècle.

GUY

Germanique lui aussi, il signifie « bois ». Ce prénom fut un classique du début du XXe siècle.

Fête le 15 juin. Saint Guy fut un martyr à Rome sous Dioclétien.

JACQUES

Il est la forme française du biblique Jacob, qui signifie « Dieu a soutenu ». Jacques fut en vogue au milieu du XXe siècle.

Fête le 3 mai. Saint Jacques fut disciple du Christ.

JÉRÔME

D'origine grecque, ce prénom signifie « nom sacré ». C'est dans les années 1970 qu'il fut à son apogée.

Fête le 30 septembre. Saint Jérôme traduisit l'Ancien et le Nouveau Testament en latin, au IVe siècle, et fut nommé docteur de l'Église.

LIONEL

Ce prénom est une forme moderne de Léon, en vogue dans les années 1970. Léo et Léon lui sont préférés aujourd'hui.

Fête le 10 novembre. Saint Léon fut pape au Ve siècle.

LUCIEN

Il est une variante de Luc, répandue au début du XXe siècle. Lucas a pris la relève depuis plusieurs années.

Fête le 7 janvier. Saint Lucien, prêtre en Asie Mineure au IIIe siècle, consacra sa vie à la traduction de la Bible de l'hébreu en grec.

LUDOVIC

Cette forme moderne de Louis, prénom germanique qui signifie « glorieux combattant », connut une vague de succès dans les années 1980. Mais c'est Louis qui, dès 1990, s'est imposé à nouveau.

Fête le 25 août. Saint Louis, roi de France au XIIIe siècle, est son patron.

MARCEL

Il est une variante de Marc, courante au tout début du XXe siècle, et disparue aujourd'hui.

Fête le 16 janvier. Saint Marcel fut pape et martyr au IVe siècle.

MAURICE

Forme dérivée du latin Maur, Maurice a été populaire comme Marcel au début du XXe siècle. C'est Amaury, autre dérivé de Maur, qui a ensuite été en vogue dans les milieux BCBG.

Fête le 22 septembre. Saint Maurice, légionnaire romain chrétien, est condamné au supplice pour avoir refusé d'adorer les dieux païens.

PATRICK

Latin à l'origine, il signifie, comme Patrice, sa forme originelle, « patricien ». Mais c'est en Irlande et en Bretagne que ce prénom fut le plus populaire, en particulier dans les années 1950.

Fête le 17 mars. Saint Patrick, fils d'un Romain et d'une Gauloise, fut vendu comme esclave en Irlande ; il s'échappa, demeura auprès de saint Germain et revint en Irlande pour évangéliser le pays et organiser l'Église. Il en est le patron.

RAYMOND

Connu dès le Moyen Âge, ce prénom fut en vogue au début du XXe siècle. Germanique, il signifie « protection du conseil ».

Fête le 7 janvier. Saint Raymond, théologien et dominicain espagnol au XIIIe siècle, fut conseiller du pape et fondateur d'un ordre pour le rachat des chrétiens captifs des musulmans.

RÉGIS

En latin, il est « roi ». Mais il n'a jamais été très populaire.

Fête le 16 juin. Saint Régis fut jésuite au XVIIe siècle.

René

Médiéval comme Raymond, René, prénom latin, signifie « renaissance ». On le rencontre dès le XVe siècle et jusqu'au début du XXe siècle.

Fête le 19 octobre. Saint René, missionnaire au Canada au XVIIe siècle, fut massacré par les Iroquois.

Rodolphe

Germanique, Rodolphe fut fréquent au XIXe siècle. Il signifie « loup glorieux ». Sa variante Raoul était courante au Moyen Âge.

Fête le 17 avril. Saint Rodolphe fut un enfant catholique massacré en Suisse au XIIIe siècle.

Roger

Apparu au Moyen Âge comme René et Raymond, Roger, germanique, signifie « lance glorieuse ». Il fut relativement fréquent au début du XXe siècle.

Fête le 30 décembre. Saint Roger fut évêque en Italie au XIIe siècle.

Sébastien

Ce prénom d'origine grecque qui signifie « honoré » fut un des grands classiques des années 1970. C'est la forme Bastien qui prend le relais aujourd'hui.

Fête le 20 janvier. Saint Sébastien, officier romain au IIIe siècle, mourut en martyr.

Stéphane

Il partageait avec Sébastien les faveurs des futurs parents dans les années 1970. Ce prénom d'origine grecque lui aussi signifie « couronné ». On rencontre parfois Steve, Stevie, ses diminutifs anglo-américains.

Fête le 14 novembre. Saint Stéphane fut franciscain et martyr à Jérusalem au XIVe siècle.

FILLES

ALBERTE, ANDRÉE, BERNADETTE, FERNANDE, GEORGETTE, LUCIENNE, MARCELLE, RAYMONDE, RENÉE

Au début du XXe siècle, les prénoms masculins étaient souvent féminisés. Tous ces prénoms ont disparu de l'état civil. Andrée s'est transformée pour devenir Andréa, à l'italienne, Raymonde est devenue l'élégante Aymone.

ANGÉLIQUE

Elle a pris la relève d'Angèle, prénom d'origine grecque qui signifie « messager », dans les années 1950.

Fête le 17 juillet. Sainte Angélique est l'une des carmélites guillotinées sous la Révolution.

ANNICK et ANNIE

Variantes d'Anne, prénom hébraïque qui signifie « gracieuse », elles connurent toutes deux le succès dans les années 1950.

Fête le 26 juillet. Sainte Anne, mère de sainte Marie, est leur patronne.

Rendez-vous page 167.

AURÉLIE

Forme féminine du latin Aurélien qui signifie « en or », ce prénom nous vient de l'Antiquité. Il fut en vogue dans les années 1970, suivi par Auriane, forme composée d'Aure et Anne.

Fête le 15 octobre. Sainte Aurélie fut une compagne de sainte Ursule en Alsace au IIIe siècle.

BÉATRICE

Latin, ce prénom signifie « heureuse ». Il était assez courant au Moyen Âge, puis dans les années 1950. Beatrix en est la forme nordique.

Fête le 13 février. Sainte Béatrice fonda un monastère dans la Drôme.

CAROLE et CAROLINE

Elles sont toutes deux des formes féminines de Charles, prénom germanique qui signifie « viril ». Après avoir connu le succès dans les années 1970, elles ont cédé la place à Charlotte.

Fête le 18 novembre. Sainte Caroline, polonaise au XVIIIe siècle, fut poignardée par le soldat qui tentait de la violer.

CATHERINE

Ce prénom est l'un des grands classiques intemporels. Courant au Moyen Âge, au XVIe et au XVIIe siècle, puis entre 1940 et 1970, il se déclina en de nombreuses variantes : Cathy, mais aussi plus récemment Carine, et maintenant Catriona ou Caitlin.

Fête le 29 avril ou le 25 novembre. Sainte Catherine d'Alexandrie fut condamnée au supplice par l'empereur Maxence au IIIe siècle. Sainte Catherine de Sienne, dominicaine et théologienne au XIVe siècle, conseillère des papes, fut proclamée docteur de l'Église à sa mort à trente-huit ans.

CHRISTIANE, CHRISTINE et CHRISTELLE

Toutes trois sont des formes féminines de Christian, qui signifie « messie » en grec. Au hit-parade des prénoms, Christiane a connu le succès dans les années 1930, suivie de Christine dans les années 1950, puis de Christelle dans les années 1970.

Fête le 24 juillet. Sainte Christine, pieuse jeune fille, mourut au XIIe siècle et ressuscita, d'après la légende, pour accomplir de nombreux miracles.

CLAUDIE et CLAUDINE

Claude, prénom latin qui signifie « boiteux » est un prénom mixte, mais ce sont surtout ses variantes Claudie et surtout Claudine qui furent attribuées aux filles dans les années 1940. Claudia fut courante dans les pays latins et en Allemagne.

Fête le 17 juillet. Sainte Claudine, carmélite sous la Révolution, fut guillotinée avec ses compagnes.

COLETTE et NICOLE

Formes féminines de Nicolas, prénom d'origine grecque qui signifie « victoire du peuple », elles se sont succédé à l'état civil : Colette au début du XXe siècle puis Nicole dans les années 1940. Depuis 2000, c'est Coline, qui a la même étymologie, qui est à l'honneur.

Fête le 6 mars. Sainte Colette, picarde du XIVe siècle, réforma la règle de vie des clarisses.

DENISE

Ce féminin de Denis, prénom grec qui fait référence à Dionysos, dieu du vin, fut un des classiques du début du XXe siècle.

Fête le 6 décembre. Sainte Denise fut martyrisée avec sa famille en Afrique du Nord au Ve siècle.

DOROTHÉE

Théodore a deux formes féminines, Théodora, qui fut très courante en Orient dans l'Antiquité et le Moyen Âge, et Dorothée. Toutes deux signifient comme lui « don de Dieu ». Dorothée a toujours été discrète, alors que l'anglaise Dorothy, avec son diminutif Dolly, était outre-Manche courant. Aujourd'hui, dans les pays francophones, c'est Doriane et Dorine qui lui sont préférées.

Fête le 6 février. Sainte Dorothée fut vierge et martyre en Asie Mineure au IIIe siècle.

Édith

Cette germanique qui signifie « richesse et travail » a connu une petite vague de succès dans les années 1930. Elle est désuète aujourd'hui.

Fête le 16 septembre. Sainte Édith, fille du roi des Anglo-Saxons Edgar au Xe siècle, passa sa vie dans un couvent.

Edmée

Cette forme féminine d'Edmond, germanique qui signifie « protection des richesses », a toujours été discrète.

Fête le 20 novembre. Saint Edmond, roi des Saxons au IXe siècle, est son patron.

Edwige

Germanique elle aussi, Edwige qui signifie « combat et richesse » n'a pas été plus fréquente qu'Edmée.

Fête le 16 octobre. Sainte Edwige, reine de Pologne au XIIIe siècle, acheva sa vie dans un couvent.

Évelyne

Cette composition d'Ève et de Line connut une vague de succès discrète dans les années 1940.

Fête le 6 septembre. Sainte Ève, gauloise au IIIe siècle, fut martyre.

Fernande

Ce prénom fut attribué au début du XXe siècle, comme Rolande. Germanique, il signifie « qui ose la paix ».

Fête le 30 mai. Saint Ferdinand, roi de Castille au XIIIe siècle, est son patron.

FRANCE, FRANCINE et FRANÇOISE

Formes féminines de François, elles se partagèrent les faveurs des parents dans les années 1950.

Fête le 9 mars. Sainte Françoise, romaine au XVe siècle, perdit son mari, ses enfants, sa maison et se consacra aux pauvres, aux malades et à la prière.

GÉRALDINE

C'est dans les années 1970 que ce féminin de Gérald s'est révélé. Il est oublié aujourd'hui. Germanique, Géraldine signifie « lance qui gouverne ».

Fête le 29 mai. Sainte Géraldine, italienne au XIIIe siècle, et son mari font vœu de chasteté et se retirent chacun dans un monastère.

GINETTE

Elle est une variante de Geneviève, qui connut le succès au début du XXe siècle.

Fête le 3 janvier. Sainte Geneviève, protectrice de Paris contre les Huns au Ve siècle, est sa patronne.

GHISLAINE

Prénom discret, qui fut en vogue dans les années 1950, Ghislaine, germanique, signifie « doux otage ».

Fête le 10 octobre. Saint Ghislain fonda un monastère en Belgique au VIIe siècle.

HENRIETTE et HUGUETTE

Formes féminines d'Henri et d'Hugues assez populaires au début du XXe siècle, elles n'ont pas autant de succès que leur masculin aujourd'hui.

IDA

Germanique, ce prénom signifie « travail ». Il a toujours été marginal.

Fête le 13 avril. Sainte Ida, dame d'atour à la cour de Charlemagne, se retire dans un couvent à son veuvage.

Irène

Grec, ce prénom signifie « paix ». Il fut illustré au VIIIe siècle par une impératrice d'Orient, disparut et fut ensuite discret au cours du début du XXe siècle.

Fête le 5 avril. Sainte Irène, chrétienne en Macédoine au IIIe siècle, mourut en martyre.

Martine

Ce prénom fut un grand favori des années 1950, alors que son masculin Martin était absent. C'est le contraire aujourd'hui. Martine, latine, signifie « guerrière ».

Fête le 30 janvier. Sainte Martine, riche chrétienne à Rome au IIIe siècle, distribua ses biens aux chrétiens, elle fut condamnée au supplice.

Mélanie

D'origine latine, ce prénom signifie « noire ». Il a connu une vague de succès dans les années 1970. Mélisande et Mélusine en sont des formes poétiques.

Fête le 31 décembre. Sainte Mélanie, romaine au Ve siècle, fonda avec son mari des monastères en Sicile et en Palestine.

Monique

Grec, ce prénom signifie « seule ». Il fut une vedette des années 1940. Monica en Italie, Mona aux États-Unis ont connu le même succès.

Fête le 27 août. Sainte Monique fut la mère de saint Augustin au IVe siècle.

Nathalie

Les années 1960 ont consacré ce prénom d'origine latine qui signifie « relatif à la naissance », alors qu'il était déjà un classique dans les pays de l'Est.

Fête le 27 juillet. Sainte Nathalie, romaine chrétienne, subit le martyre en Espagne au IXe siècle avec son mari Aurèle.

Odette et Odile

Toutes deux sont d'origine germanique et signifient « richesse ». Odette est un prénom des années 1920, Odile lui a succédé dans les années 1950.

Fête le 13 décembre. Sainte Odile, née aveugle en Alsace au VIIe siècle, recouvra la vue le jour de son baptême. Elle fonda un monastère dans le château de son père.

Patricia

Féminin de Patrice et de Patrick, prénoms d'origine latine qui signifient « patricien », Patricia fut en vogue dans les années 1950.

Fête le 25 août. Sainte Patricia, chrétienne romaine au IVe siècle, mourut en martyre.

Paule, Paulette et Pauline

Toutes trois sont les formes féminines de Paul, prénom d'origine latine qui signifie « petit ». Paule et Paulette ont été fréquentes au début du XXe siècle et Pauline a connu son apogée dans les années 1990.

Fête le 26 janvier. Sainte Paule fonda un monastère à Bethléem au IVe siècle.

Fête le 9 juillet. Sainte Pauline fut missionnaire et martyre en Chine au début du XXe siècle.

PÉLAGIE

Ce prénom d'origine grecque signifie « pleine mer ». Il apparut très timidement au XIXe siècle.

Fête le 8 octobre. Sainte Pélagie fut martyre en Asie Mineure au IVe siècle.

PHILOMÈNE

Grecque également, Philomène est celle « qui aime parler ».

Fête le 10 août. Sainte Philomène fut comme Pélagie martyre en Asie Mineure au IVe siècle.

PRISCILLE

Ce prénom latin signifie « antique ». Comme Priscilla, elle a connu une petite vague de succès dans les années 1980.

Fête le 16 janvier. Sainte Priscille, romaine au Ier siècle, accueillit des réunions de chrétiens dans sa maison.

REINE et RÉGINE

Latines, elles sont « reines », comme leur masculin Régis. Mais elles furent peu courantes.

Fête le 7 septembre. Sainte Reine, jeune fille de Bourgogne au IIIe siècle, fut assassinée par le proconsul dont elle avait repoussé les avances.

SOLANGE

Discrète, Solange fit une modeste apparition au début du XXe siècle. Ce prénom d'origine latine signifie « solennel », tout comme Solène qui elle connut un vrai succès dans les années 1980.

Fête le 10 mai. Sainte Solange qui a fait vœu de chasteté dans le Berry au XIe siècle repousse un prétendant; il l'égorge.

Stéphanie

Les années 1970 en ont fait un prénom vedette, comme son masculin Stéphane ; d'origine grecque, ils signifient « couronné ».

Fête le 2 janvier. Sainte Stéphanie, dominicaine à 15 ans, consacra soixante ans de sa vie à soigner les malades.

Valentine

D'origine latine, Valentine signifie « vaillante ». Elle s'est révélée en France dans les années 1980 alors que Valentina était depuis longtemps à l'honneur dans les pays slaves.

Fête le 25 juillet. Sainte Valentine fut martyre en Palestine au IVe siècle.

Valérie

En latin, elle est « valeureuse », comme ses formes masculines Valère et Valérien. Celles-ci furent courantes dans l'Antiquité alors que Valérie s'est épanouie dans les années 1960.

Fête le 28 avril. Sainte Valérie, italienne au IIe siècle, fut assassinée par des païens.

Virginie

D'origine latine, ce prénom signifie « vierge ». Il est contemporain de Stéphanie, mais fut plus modeste.

Fête le 7 janvier. Sainte Virginie consacra sa vie, en Italie au XVIe siècle, au service des pauvres.

Zita

Grec, ce prénom désigne la sixième lettre de l'alphabet. Rare, ce prénom fut illustré par la dernière impératrice d'Autriche, au début du XXe siècle.

Fête le 27 avril. Sainte Zita, gouvernante au XIIIe siècle, se dévoua aux pauvres et aux malades.

Prénoms tendance

Ils sont dans l'air du temps depuis quelques années, ou on les voit tout juste apparaître, promis à un bel avenir. Prénoms anciens, prénoms nouveaux, formes étrangères, ce sont ceux qui fleurissent à l'état civil aujourd'hui, et qui empliront de cris joyeux les cours de récréation des écoles dans les prochaines années. Tous ces prénoms ont déjà été exposés dans ce livre. Nous vous indiquons donc le nom du chapitre dans lequel vous trouverez des informations les concernant.

Garçons

Adam	Les prénoms bibliques et hébraïques
Alan	Les prénoms de nos régions
Alfred	Les prénoms rétro
Antonin	Les prénoms de l'Antiquité
Armand	Les prénoms rétro
Arthur	Les prénoms de la littérature
Augustin	Les prénoms rétro
Axel	Les prénoms nordiques
Baptiste	Les prénoms BCBG

Bastien	Les diminutifs
Bryan	Les prénoms british, irish, scottish et US
Clément	Les prénoms BCBG
Corentin	Les prénoms de nos régions
Dorian	Les prénoms de la littérature
Gabin	Les prénoms géographiques
Éliott	Les prénoms british, irish, scottish et US
Émile	Les prénoms rétro
Enzo	Les prénoms latinos
Erwann	Les prénoms de nos régions
Esteban	Les prénoms latinos
Ethan	Les prénoms bibliques et hébraïques
Ewan	Les prénoms de nos régions
Gabriel	Les prénoms bibliques et hébraïques
Gaston	Les prénoms médiévaux
Hugo	Les prénoms médiévaux et BCBG
Joseph	Les prénoms rétro et les prénoms bibliques et hébraïques
Jules	Les prénoms de l'Antiquité et les prénoms rétro
Killian	Les prénoms british, irish, scottish et US
Léo	Les diminutifs
Lilian	Les prénoms de la nature
Louis	Les prénoms BCBG
Lucas	Les prénoms BCBG
Maël	Les prénoms de nos régions
Marius	Les prénoms de l'Antiquité et les prénoms de nos régions
Martin	Les prénoms BCBG
Matteo	Les prénoms latinos

Mathias	Les prénoms bibliques et hébraïques
Mathis	Les prénoms bibliques et hébraïques
Maxence	Les prénoms de l'Antiquité
Melvin	Les prénoms british, irish, scottish et US
Nathan	Les prénoms bibliques et hébraïques
Noah	Les prénoms bibliques et hébraïques
Noé	Les prénoms bibliques et hébraïques
Paul	Les prénoms BCBG
Raphaël	Les prénoms bibliques et hébraïques
Ryan	Les prénoms british, irish, scottish et US
Sacha	Les diminutifs
Samuel	Les prénoms bibliques et hébraïques
Tanguy	Les prénoms de nos régions
Théo	Les diminutifs
Timothée	Les diminutifs
Tristan	Les prénoms de la littérature
Victor	Les prénoms de l'Antiquité
Yanis	Les prénoms de nos régions

Filles

Adèle	Les prénoms rétro
Agathe	Les prénoms rétro et les prénoms BCBG
Alice	Les prénoms BCBG
Alizé	Les prénoms de la nature
Ambre	Les prénoms de la nature
Anaëlle	Les prénoms de nos régions
Andréa	Les prénoms latinos
Angèle	Les prénoms rétro
Apolline	Les prénoms de la mythologie et les prénoms BCBG
Axelle	Les prénoms nordiques
Capucine	Les prénoms de la nature
Carla	Les prénoms latinos
Célia	Les diminutifs
Chloé	Les prénoms de la nature
Clarisse	Les prénoms rétro
Clémence	Les prénoms médiévaux et les prénoms BCBG
Élisa	Les prénoms bibliques et hébraïques
Éloïse	Les prénoms médiévaux
Emma	Les prénoms médiévaux et les prénoms de la littérature
Énora	Les prénoms de nos régions
Éva	Les prénoms bibliques et hébraïques
Flavie	Les prénoms de l'Antiquité
Gabrielle	Les prénoms bibliques et hébraïques
Ilona	Les prénoms russes et slaves

Inès	Les prénoms latinos et les prénoms BCBG
Jade	Les prénoms de la nature
Joséphine	Les prénoms bibliques et hébraïques
Julia	Les prénoms de l'Antiquité
Laurie	Les prénoms de la nature
Léa	Les prénoms bibliques et hébraïques
Léna	Les prénoms de nos régions
Léonie	Les prénoms rétro
Lina	Les diminutifs
Lola	Les diminutifs
Louanne	Les diminutifs
Louise	Les prénoms rétro et les prénoms BCBG
Lucie	Les prénoms BCBG
Madeleine	Les prénoms rétro
Maëlle	Les prénoms de nos régions
Maelys	Les prénoms BCBG
Maéva	Les prénoms des îles
Marguerite	Les prénoms de la nature et les prénoms BCBG
Nina	Les diminutifs
Noémie	Les prénoms bibliques et hébraïques
Nolwenn	Les prénoms de nos régions
Romane	Les prénoms géographiques
Rose	Les prénoms de la nature
Salomé	Les prénoms bibliques et hébraïques
Zoé	Les prénoms de la nature

Index

IMPRIMÉ EN ALLEMAGNE PAR GGP MEDIA GMBH

pour le compte des
Nouvelles Éditions Marabout
D.L. Avril 2013
ISBN : 978-2-501-08762-9
4131868/01